Contre l'échec scolaire

Comprendre

Peter Adriaenssens, *Mon enfant a peur…et moi aussi ! L'éducation à la résistance intérieure*

Théo Compernolle, Théo Doreleijers, *Du calme ! Comprendre et gérer l'enfant hyperactif.* 2e édition

Théo Compernolle, Hilde Lootens, Rob Moggré, Théo van Eerden, *Gérer les adolescents difficiles. Comportements impulsifs, excessifs ou agités*

Marie-France Daniel, *La philosophie et les enfants. Les modèles de Lipman et de Dewey*

Roger Deldime, Sonia Vermeulen, *Le développement psychologique de l'enfant.* 7e édition

Dimitri Demnard, *L'aide à la scolarité par la PNL. Comprendre et résoudre les difficultés scolaires*

Diane Drory, *Cris et châtiments. Du bon usage de l'agressivité*

Jean Dumas, *L'enfant anxieux. Comprendre la peur de la peur et redonner courage*

Fonds Houtman, *Vers une culture de l'enfance. Avec le texte de la Convention des droits de l'enfant*

Murielle Jacquet-Smailovic, *L'enfant, la maladie et la mort. La maladie et la mort d'un proche expliquées à l'enfant*

Murielle Jacquet-Smailovic, *Avant que la mort ne nous sépare…*

Claire Kebers, *Mort, deuil, séparation. Itinéraire d'une formation*

Manu Keirse, *Faire son deuil, vivre un chagrin. Un guide pour les proches et les professionnels*

Jacques Lagarrigue, *L'école. Le retour des valeurs ? Des enseignants témoignent*

Isabelle Lecomte, *L'ado fragile et l'école. Comment se mettre à l'écoute des besoins relationnels ?*

Jean Le Gal, *Les droits de l'enfant à l'école. Pour une éducation à la citoyenneté*

Paolo Legrenzi, *Le bonheur*

Claudine Leleux, *L'école revue et corrigée. Une formation générale de base universelle et inconditionnelle*

Marc Litière, *Maman, j'y arriverai jamais ! Face à la peur de l'échec, comment redonner confiance à votre enfant*

Madeleine Natanson, *Des adolescents se disent. Voyage au pays des adolescents ordinaires*

Paul A. Osterrieth, *Introduction à la psychologie de l'enfant.* 17e édition

Étienne Payen, *La dépression positive. Trouver et retrouver ses repères dans la dépression*

Jos Peeters, *Les adolescents difficiles et leurs parents*

Lucien Piloz, *Maîtriser la violence à l'école. Prévention et traitement de la violence en milieu scolaire*

Niels Peter Rygaard, *L'enfant abandonné. Guide de traitement des troubles de l'attachement*

Michel Rosenzweig, *Les drogues dans l'histoire : entre remède et poison. Archéologie d'un savoir oublié*

Edwin S. Shneidman, *Le tempérament suicidaire. Risques, souffrances et thérapies*

Johan Vanderlinden, *Vaincre l'anorexie mentale*

Philippe van Meerbeeck, Claude Nobels, *Que jeunesse se passe. L'adolescence face au monde adulte*

Alain Vanthournhout, *Techno, rêves… et drogues ? Rencontrer les jeunes dans les nouveaux lieux d'extase*

Pierre Vianin, *Contre l'échec scolaire. L'appui pédagogique à l'enfant en difficulté d'apprentissage*

Comprendre

lgen

Pierre Vianin

Contre l'échec scolaire

L'appui pédagogique à l'enfant en difficulté d'apprentissage

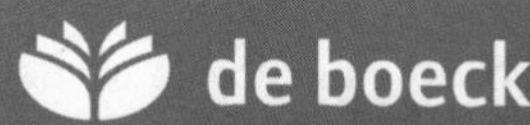

Publié avec le soutien du Conseil de la Culture de l'État du Valais.

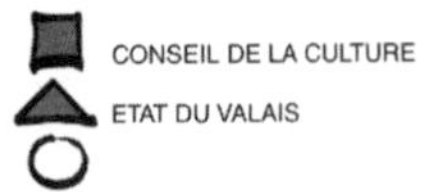

Pour toute information sur notre fonds et les nouveautés dans votre domaine de spécialisation, consultez notre site web : **www.deboeck.com**

Éditions De Boeck Université
Rue des Minimes 39, B-1000 Bruxelles

2e édition

Imprimé en Belgique

Dépôt légal :
Bibliothèque Nationale, Paris : juillet 2007
Bibliothèque royale de Belgique : 2007/0074/325

ISSN 1373-024X
ISBN 978-2-8041-5595-7

À toutes mes femmes (!) : Ursula, Camille,
Maëlle et Évane

Remerciements

Je tiens à remercier très chaleureusement mes collègues enseignants des centres scolaires de Noës, Granges, Beaulieu et des Glariers qui, tous, partagent le souci de la lutte contre l'échec scolaire et me permettent de travailler, comme « mapi », dans de très bonnes conditions.

Un grand merci également à Ursula Vianin, Pascal Vianin, Nicole Jacquemet, Stéphane Moulin et Christiane Joye-Wicki, qui ont eu la gentillesse de lire et corriger le manuscrit.

Toute ma reconnaissance également à celles et ceux qui ont contribué d'une manière ou d'une autre à la réalisation de cet ouvrage. Je pense notamment à Philippe Theytaz pour ses conseils avisés, à Michel Délitroz et Philippe Nendaz, pour leurs encouragements.

Le chapitre consacré à la pratique de l'enseignement stratégique s'inspire d'un travail effectué avec un groupe d'enseignants spécialisés valaisans, sous la direction du Dr Bosco Dias, de l'Université de Fribourg. Toute ma gratitude à tous les collègues de ce groupe de travail.

Merci enfin — et surtout — à toutes mes femmes (!) : Ursula, Camille, Maëlle et Évane.

Introduction

La lutte contre l'échec scolaire est d'une folle complexité. Les causes de la difficulté d'apprendre sont multiples. Dès lors, la tentation est grande de renoncer devant l'ampleur de la tâche et d'attendre une aide extérieure — de l'administration publique, de l'institution scolaire, du monde politique — pour combattre le phénomène.

Or la lutte contre l'échec scolaire ne se fera pas par des dispositifs lourds ou des décisions politiques. Elle doit au contraire se construire par les enseignants [1], ici et maintenant. Il y a urgence ! On ne peut pas attendre indéfiniment des solutions idéales ou des dispositifs exemplaires. La petite Sophie qui n'apprend pas à lire, le petit Loïc qui redouble pour la deuxième fois ne peuvent pas attendre. C'est aujourd'hui qu'ils ont besoin de notre aide.

1. Avertissement : le masculin utilisé dans cet ouvrage est purement grammatical. Il renvoie à des collectifs composés d'hommes et de (très nombreuses !) femmes.

Les raisons premières de mon engagement pour les enfants en difficulté touchent à des domaines éthiques, aux valeurs que je désire défendre. L'école doit impérativement renoncer à exclure, à marginaliser les enfants les moins performants. Pour un élève, redoubler ou être orienté vers une structure spécialisée, c'est être placé en marge, ne plus trouver place dans son monde à lui, l'école.

Si la plupart des enseignants partagent le souci de la lutte contre l'échec scolaire, nombreux sont ceux qui se sentent souvent bien seuls et démunis dans ce combat. De plus, la gestion de la classe devient de plus en plus difficile pour les enseignants : la population scolaire est toujours plus hétérogène, les parents sont devenus critiques, les chercheurs questionnent le fonctionnement même de l'institution scolaire, les pédagogues encouragent la différenciation sans proposer toujours aux enseignants les moyens de la réaliser, etc. Pour répondre à la solitude endémique des enseignants face à ces multiples problématiques, l'école s'est dotée, depuis quelques années, d'un atout important en développant les mesures d'appui pédagogique intégré.

Ces mesures d'appui sont d'une importance déterminante dans la lutte contre l'échec scolaire. Jamais, dans l'histoire de l'école obligatoire, l'institution scolaire n'a disposé d'un moyen aussi souple, aussi efficace, aussi proche des enseignants et des élèves.

Cet ouvrage vise à clarifier les buts et les moyens de cette mesure d'aide aux élèves en difficulté. Il s'adresse aux « mapis » (**ma**îtres(ses) d'**a**ppui **p**édagogique **i**ntégré) qui trouveront, je l'espère, des réflexions leur permettant de clarifier leur rôle dans l'institution scolaire. J'aimerais partager avec eux certaines démarches, certaines pistes de travail, mais également mon enthousiasme pour la profession de *mapi.* Mais cet ouvrage s'adresse également aux enseignants titulaires de classe et aux parents qui comprendront mieux, en le lisant, le travail des enseignants spécialisés et pourront ainsi collaborer plus activement avec les *mapis.*

Il permettra également à toutes les personnes confrontées aux difficultés scolaires d'un enfant d'envisager une aide efficace. Les enseignants de classes régulières, mais également les parents, se trouvent régulièrement dans la situation « d'aidants » (Egan, 1987) et jouent donc fréquemment le rôle du *mapi.* Ils trouveront donc ici un guide utile — présentant de nombreux exemples — leur permettant d'apporter une aide réelle à leurs enfants.

Chapitre 1 *L'appui pédagogique : définition et fonctionnement*

Dans ce chapitre sera clarifié le concept « d'appui pédagogique intégré ». Actuellement, cette mesure existe dans de nombreuses régions, mais son mode de fonctionnement diffère souvent et son appellation est également variable. En France, on a retenu le terme de « rééducation », «d'actions à dominante rééducative » ou « d'actions d'aide spécialisée à dominante pédagogique ». Les termes de « classe-ressource » ou de « dénombrement flottant » sont utilisés au Québec. Dans de nombreux cantons suisses, on parle de « soutien ». On parle également « d'orthopédagogue » pour désigner l'enseignant d'appui. C'est pourquoi il me paraît important de bien définir l'appui pédagogique et de décrire précisément son fonctionnement [1].

1. Pour comparer les enseignements en Belgique, France, Suisse et Québec, vous pouvez consulter le tableau présenté à la fin de l'ouvrage (annexe 9).

Dans cet ouvrage, le terme de « mapi » sera donc utilisé pour désigner toutes les personnes (enseignants réguliers, spécialistes, pédagogues curatifs, psychologues scolaires, parents, etc.) qui sont amenées à apporter une aide à un enfant en difficulté d'apprentissage.

Le concept

On peut définir l'appui pédagogique intégré comme « une aide aux élèves en difficulté qui fréquentent l'école ordinaire » (DECS/OES, 1997).

Pour clarifier les objectifs poursuivis, le *mapi* doit d'abord orienter son intervention en établissant une distinction très importante entre l'objectif général de l'appui qui consiste à « introduire au sein de la classe ordinaire une pédagogie permettant à l'enseignant titulaire de s'occuper de tous les élèves par le développement de la différenciation » et l'objectif spécifique qui est de « venir en aide aux enfants ayant des besoins particuliers en leur permettant d'évoluer favorablement dans le circuit ordinaire de formation » (*op. cit.*).

Ces objectifs permettent d'emblée d'envisager une intervention du *mapi* à plusieurs niveaux dans l'institution scolaire. Son travail consistera donc à aider très concrètement la petite Sophie dans ses difficultés de lecture, mais également à questionner le mode de fonctionnement même de l'école dans sa production de l'échec. Nous verrons plus loin comment, en travaillant avec la petite Sophie et en collaborant avec les enseignants, le *mapi* peut questionner l'institution elle-même.

Pour définir le travail effectué en appui, il s'agit également de distinguer le but — l'aide aux élèves ayant des besoins particuliers — et les moyens : appui individuel en salle d'appui, appui intégré à la classe, aide au titulaire, aide à l'élève, bilan, définition d'un projet, mise en place d'un programme adapté, appui en groupes, etc. Si le but n'est pas négociable, le choix des moyens dépend par contre de la problématique de l'enfant, de la sensibilité du titulaire, de la disponibilité du *mapi*, etc.

Le fonctionnement

« L'appui pédagogique est orienté sur le fonctionnement de l'enfant pour lequel les partenaires de la prise en charge établissent un projet pédagogique » (DECS/OES, 1997).

Le travail du *mapi* est bien entendu centré sur l'enfant. Après une phase d'évaluation, les différents partenaires (enfant, titulaire, parents, voire spécialistes) déterminent un projet pédagogique. La notion de projet est fondamentale dans la compréhension du travail du *mapi*. Nous y reviendrons plus loin.

La collaboration entre tous les intervenants tient également une place déterminante dans la réussite du projet. L'enfant, bien entendu, mais également le titulaire, les parents, éventuellement les spécialistes (logopédistes, psychologues, etc.) seront associés à la démarche. L'accord des parents est d'ailleurs nécessaire lorsqu'une mesure d'appui est proposée à l'enfant. L'intérêt premier de la structure d'appui, c'est de se trouver à plusieurs — le titulaire, le *mapi*, l'enfant, les parents, voire le spécialiste — pour analyser une situation problématique et envisager de nouvelles solutions.

Concrètement, l'appui pédagogique se déroule dans un local prévu à cet effet à l'intérieur du bâtiment scolaire. L'élève signalé quitte sa classe, en général deux à quatre fois par semaine, et rejoint le *mapi* pour un travail individuel d'une durée de 30 à 45 minutes. Parfois, le *mapi* travaille avec de petits groupes de deux à trois élèves. Le *mapi* peut également intervenir directement dans la salle de classe. Cette seconde formule se heurte fréquemment à la résistance du titulaire qui tolère souvent mal la présence d'un collègue dans sa classe. Comme le relève Moulin (1998, p. 25), « les enseignants de soutien se trouvent malheureusement, aujourd'hui encore, souvent confrontés à un refus des maîtres titulaires de travailler ensemble à l'intérieur de la classe ». Néanmoins, un fonctionnement en duo pédagogique est souvent possible, lorsque les relations avec le titulaire sont bonnes.

Une question se pose également quant au moment où l'élève doit quitter sa classe et rejoindre le *mapi*. Au départ, les directives précisaient que l'enfant sortait de la classe pendant les cours où il montrait le plus de difficultés. Depuis, le discours est plus nuancé. Je pense qu'un enfant qui a des difficultés en maths peut néanmoins profiter de certaines activités mathématiques dans le cadre de la classe. Il s'agit par contre de veiller à ne pas pénaliser un enfant qui s'absenterait toujours sur le même cours pendant toute l'année. De même, le titulaire ne pénalisera pas l'élève en lui demandant de rattraper le travail fait en classe pendant le cours d'appui.

Organisation

Le nombre de classes ou d'élèves que le *mapi* prend en charge est très variable. Il dépend de nombreux facteurs, tels que le nombre de signalements, le type et l'importance de la difficulté de l'enfant, le nombre de centres scolaires que le *mapi* dessert, etc. Dans certaines régions, un *mapi* à plein temps s'occupe d'une dizaine d'élèves, alors qu'ailleurs il peut travailler avec une trentaine d'enfants. En Suisse alémanique, par exemple, un *mapi* est engagé à plein temps dès 160 à 200 élèves et s'occupe de 8 à 12 enfants, alors qu'un *mapi* tessinois suit de 20 à 25 élèves dans son canton (Sturny-Bossart, 2000, pp. 16-17).

En principe, les signalements proviennent des titulaires. Dans de rares cas, les parents, les spécialistes, voire l'enfant, demandent une prise en charge en appui. « Dans tous les cas, l'enseignant d'appui est tenu de répondre au signalement » (DECS/OES, 1997). En effet, le *mapi* ne peut pas répondre à un enseignant ou à des parents qu'il n'a « plus de place » pour l'enfant : le *mapi* a le devoir de répondre à toutes les demandes, même si ses disponibilités en termes de prise en charge individuelle sont nulles. Dans tous les cas, nous pouvons parler de la situation problématique, établir un bilan, mettre en place un projet, etc. en collaboration avec le titulaire. Quoi qu'il en soit, la prise en charge individuelle n'est pas toujours la meilleure solution (par exemple, lors de problèmes de comportement qui se manifestent en classe).

Quant au nombre de signalements, « l'appui pédagogique doit répondre aux besoins de 6 à 8% des élèves » (OES, 1993, p. 9). Sans un critère aussi précis, on peut en effet craindre que le nombre d'élèves signalés en appui devienne rapidement trop important et que les titulaires se déresponsabilisent en ayant systématiquement recours au *mapi* sans envisager préalablement les aides possibles dans le cadre de la classe.

Appui global et appui spécifique

Dans l'aide individuelle à l'enfant en difficulté, on peut distinguer **l'appui global** de **l'appui spécifique**. Les nombreuses expériences de pédagogie compensatoire sous la forme de rattrapage scolaire ont montré leurs limites. C'est pourquoi l'approche du *mapi* doit être globale et permettre d'analyser la situation en procédant à une évaluation complète de la problématique.

Très souvent, les signalements des titulaires concernent les branches principales. Un rapport de 1991 précise, par exemple, que les signalements les plus fréquents en appui concernent les difficultés de lecture (DIP/OES, 1991). Par conséquent, la tentation est grande pour le *mapi* d'envisager un rattrapage dans la branche désignée par le titulaire sans effectuer une évaluation globale de la situation. Nous verrons plus loin l'importance déterminante de la phase d'évaluation dans le travail du *mapi*.

L'appui global peut concerner des demandes d'aide relationnelle, des problèmes de comportement, de motivation, de concentration, etc. Le *mapi* pourra intervenir ici par une approche systémique, en tentant, par exemple, une restauration de la communication entre l'élève et les pairs, l'élève et le maître, le maître et les parents, etc.

Parfois, l'évaluation permet de cibler l'intervention sur un besoin plus **spécifique** de l'enfant. Les problématiques ne sont pas toujours complexes et une aide ponctuelle dans une branche scolaire peut quelquefois apporter une réponse adaptée aux difficultés de l'élève. Ce type d'aide autorise un travail de remédiation où, par exemple, les approches cognitives peuvent se révéler très efficaces.

A ce propos, Meirieu (1989, p. 69) distingue les élèves « en échec » des élèves « en difficulté ». Alors que les premiers « requièrent impérativement une alternative pédagogique », les seconds peuvent bénéficier « d'un entraînement supplémentaire qui peut être suffisant. (...) Pour surmonter une difficulté, il est possible de poursuivre et approfondir la méthode utilisée. Pour dépasser un échec, il est indispensable de proposer une alternative en cherchant de nouveaux points d'appui ou en élaborant de nouvelles méthodes ». Cette distinction peut être utile pour effectuer le choix entre un appui global et un appui spécifique.

Les deux situations décrites maintenant permettront probablement de clarifier les deux notions importantes « d'appui spécifique » et « d'appui global » dont la distinction me paraît fondamentale pour comprendre ce qui peut se jouer en appui [2].

> Paulien est un élève de sixième primaire, signalé pour un appui pédagogique en octobre, soit un mois et demi après le début de l'année scolaire. M. Mousse, qui a Paulien comme élève depuis le début de la cinquième, le signale pour des difficultés en mathématiques. Les notes de Paulien ont beaucoup baissé depuis l'année dernière et le titulaire, analysant les premiers résultats en ce début d'année, pense qu'une aide est nécessaire.
>
> A part ses difficultés importantes en mathématiques, Paulien ne pose aucun problème de comportement ou d'attitude face au travail. En classe, c'est un élève motivé, très bien suivi à la maison par ses parents et bien intégré dans son

2. Tous les exemples présentés dans cet ouvrage sont réels, mais les noms ont été modifiés pour assurer l'anonymat des personnes concernées.

groupe-classe. Ses mauvais résultats en mathématiques lui ont fait perdre confiance en lui, mais il est prêt à s'investir totalement pour combler son retard. Plusieurs fois, avant même la demande du titulaire, il sollicite lui-même le *mapi* pour une aide.

L'évaluation scolaire effectuée en appui permet de souligner ses ressources et de mieux cerner ses difficultés en maths — qui sont principalement liées à un vocabulaire mathématique indigent et à une procédure de résolution de problème inadaptée.

Les objectifs sont clairs : ils devront permettre à Paulien de restaurer sa confiance en soi en soulignant ses ressources, de combler ses lacunes en vocabulaire mathématique et d'apprendre une procédure de résolution de problème efficace.

Les résultats obtenus à la fin du premier semestre de sixième sont très encourageants : Paulien augmente ses résultats de sept dixièmes (3.3 au deuxième semestre de cinquième [3]) et obtient la moyenne en mathématique au premier semestre de sixième.

La situation présentée est très courante en appui pédagogique : les résultats d'un élève baissent beaucoup et le titulaire signale l'enfant pour un appui dans une branche bien précise. Après une analyse globale de la situation, le *mapi* constate que la problématique est scolaire. Il envisage un **appui spécifique** qui permet à l'enfant de combler son retard et de reprendre confiance en lui.

L'analyse de la situation qui va suivre est par contre beaucoup plus complexe et exigera un **appui global** :

Théo est un élève de deuxième primaire qui est signalé à la mi-octobre par les deux enseignants qui se partagent la classe. Le premier entretien permet de constater que l'enfant n'a pas du tout investi l'école. « On ne sait pas qui il est », avouera Mme Durhône.

De plus, ses absences sont fréquentes. L'année dernière déjà, le Directeur des Écoles avait demandé aux parents de justifier les nombreuses absences de l'enfant. « En classe, même présent physiquement, il est absent », précisera M. Michel, ajoutant « qu'il se ferme dans sa coquille si on le frustre ».

Les résultats scolaires sont très faibles. Les deux enseignants pensent que l'enfant a de nombreuses ressources, mais qu'il ne les actualise pas. Face à la tâche, il est décrit comme lent, désorganisé, indolent. Mme Durhône et

3. En Valais, la meilleure note est **6** et la moyenne nécessaire à la promotion est **4**.

M. Michel demandent au *mapi* d'effectuer une évaluation des compétences de l'élève.

L'évaluation effectuée en appui confirme l'hypothèse des enseignants : Théo se montre très compétent, tant en lecture qu'en mathématiques. De plus, il perçoit clairement sa situation scolaire, ses ressources, ses difficultés, son manque de motivation. Il apprend très vite et possède un excellent raisonnement.

Les discussions menées par le *mapi* avec Théo font ressortir un élément important : Théo lui parle très souvent d'un copain plus âgé, Greg, avec qui il entretient une amitié excessivement forte. Par contre, Théo ne signale aucun copain de classe au *mapi*.

Lors du bilan avec le père de Théo, ce dernier élément se trouve confirmé par les enseignants qui trouvent effectivement que l'enfant n'a tissé aucun lien avec les élèves de la classe. Le père confirme l'amitié exclusive de Théo pour Greg et nous confie que sa famille est « plutôt fermée sur elle-même ». Il est alors décidé que les interventions des enseignants viseront à développer les relations de Théo dans son groupe-classe.

Suite à cet entretien, M. Michel aura une discussion déterminante avec Théo : il lui dira que lui aussi a des amis extérieurs à l'école, mais qu'il est aussi important de tisser des liens d'amitié dans l'école.

Depuis la rentrée de Noël, le comportement de Théo a beaucoup changé : maintenant, il participe à la vie de la classe et se montre beaucoup mieux intégré. Il se confie plus volontiers aux deux enseignants et s'investit dans son travail scolaire. Le père nous apprendra plus tard que, pour la première fois, Théo est arrivé à la maison avec deux copains de sa classe...

La situation de Théo diffère évidemment beaucoup de celle de Paulien. L'évaluation globale de la situation a permis de mettre en évidence un élément déterminant pour la compréhension des difficultés de l'enfant. Une approche systémique de la problématique a permis de modifier fondamentalement l'attitude de l'enfant. Théo a bénéficié d'un appui global.

En fait, les différents partenaires se réunissent régulièrement et évaluent la situation. La mesure d'appui pédagogique intégré peut alors s'arrêter, « se transformer en une mesure sans appui ou déboucher sur une nouvelle prise en charge » (DECS/OES, 1997).

En conclusion, on peut dire que le travail de l'enseignant d'appui ne peut se définir qu'en fonction des situations particulières qui se présentent à lui. Comme les situations sont multiples, le travail du *mapi* devrait également être « multidéfini ». Quoi qu'il en soit, l'activité du *mapi* consiste souvent en une aide individuelle et différenciée.

Les avantages et les difficultés de la mesure

Les avantages de la structure d'appui pédagogique intégré sont multiples.

Tout d'abord, l'appui permet de maintenir les élèves en difficulté dans les classes régulières. Il évite donc la stigmatisation et la ségrégation de ces enfants dans des classes spéciales. Dans les cantons ruraux, les enfants peuvent ainsi bénéficier d'une aide spécialisée décentralisée qui leur permet de rester dans leur village. Le concept d'intégration est donc au cœur même du fonctionnement de l'appui pédagogique. « Un enfant sur trois appartenant à une classe de développement doit quitter chaque jour son domicile pour aller dans un village voisin. Avec l'appui, ce rapport se réduit à un sur vingt-cinq » (Bless, 1993, p. 14).

Ensuite, il s'agit d'une mesure très souple. Le nombre d'heures attribuées à un centre scolaire peut varier durant l'année scolaire en fonction des demandes des titulaires. Ceux-ci peuvent donc signaler de nouveaux élèves au *mapi* tout au long de l'année. Le *mapi* est donc très souvent itinérant et adapte son horaire aux besoins des centres scolaires où il travaille. Comme c'est une mesure souple, intégrée au fonctionnement des centres scolaires, son rôle de prévention de l'échec scolaire peut très concrètement se réaliser. Le *mapi* intervient rapidement après un signalement et peut donc aider à résoudre une difficulté avant qu'elle ne se transforme en problème, voire en échec scolaire massif.

Ensuite, par la collaboration avec les titulaires et la recherche commune de solutions, l'appui encourage la différenciation dans les classes régulières. Chaque fois qu'une solution particulière est adoptée pour un enfant, la pratique des enseignants réguliers et spécialisés se trouve enrichie. Finalement, tous les élèves profitent de la collaboration entre les enseignants.

Comme l'objectif spécifique de l'appui est « de venir en aide aux enfants ayant des besoins particuliers » (DECS/OES, 1997), le travail du *mapi* peut également concerner les grands oubliés du système scolaire, les enfants surdoués (enfants à haut potentiel). En effet, « il est mentionné que la différenciation de l'enseignement pourrait également bénéficier aux élèves faisant preuve de performances scolaires spécialement élevées » (« L'appui en Valais », Grossenbacher, 1994, p. 83).

Si les avantages de l'appui pédagogique sont nombreux, des difficultés importantes sont également à signaler.

Tout d'abord, le *mapi* doit être crédible. Sa formation, mais également son expérience professionnelle doivent être solides. De nombreux *mapis* débutants, sans formation spécialisée et sans pratique préalable dans une classe régulière, ont vécu des expériences professionnelles douloureuses. En particulier, la connaissance des programmes de la scolarité obligatoire est importante.

Ensuite, le *mapi* doit assumer de nombreuses fonctions dans un centre scolaire : il peut jouer le rôle de « conseiller pédagogique, aussi bien auprès du titulaire de classe qu'auprès des parents des élèves en difficulté » (Bless, 1990, p. 8), mais doit également assumer des tâches de « prévention, de coordination lorsque d'autres spécialistes sont impliqués dans la prise en charge de l'enfant (par exemple le logopédiste, le psychologue, etc.) et un travail minutieux pour l'établissement du diagnostic qui doit servir de base pour les mesures pédagogiques à entreprendre » (*op. cit.*).

Ces différents rôles peuvent rendre son travail difficile. Bless souligne à ce propos que « si l'on considère les multiples tâches confiées à l'enseignant spécialisé, on se rend vite compte que ce travail demande une forte personnalité dotée du sens de la coopération, ainsi que de connaissances professionnelles approfondies. Un enseignant spécialisé qui a encore peu de pratique et dont la formation est peu poussée n'est en général pas en mesure d'offrir autre chose à ses élèves que des cours de rattrapage » (*op. cit.*).

Enfin, le nombre important d'élèves signalés rend également le travail du *mapi* difficile. Celui-ci risque de parer au plus pressé et de ne plus disposer des conditions lui permettant une analyse globale et complète des situations qui lui sont soumises. Bless (1990, p. 9) souligne à ce propos que l'efficacité de la mesure d'appui dépend des conditions de travail de l'enseignant spécialisé : les effets sont nettement supérieurs lorsque « l'enseignant bénéficie de conditions de travail généreuses (il s'occupe au maximum de 6 classes et non de 25 comme dans certaines régions) ».

Les fondements de la démarche

La démarche d'appui pédagogique est fondée sur des principes qu'il faut connaître pour bien comprendre son fonctionnement.

Elle s'inspire d'abord, comme il a déjà été souligné, du principe d'intégration. Le maintien des enfants en difficulté dans la structure régulière est le fondement même du dispositif. C'est pourquoi l'appui pédagogique est « intégré » à la structure scolaire régulière. La mesure offre donc une alternative au placement dans les classes spécialisées des enfants ayant des besoins particuliers.

Plus fondamentalement encore, l'appui pédagogique se fonde sur la conviction que tous les enfants peuvent réussir et que les conduites intelligentes s'apprennent. Le principe de modifiabilité cognitive ou d'éducabilité de l'intelligence est central en appui. C'est pourquoi il est essentiel que le *mapi* ait renoncé à « l'idéologie du don » et soit convaincu du potentiel cognitif important de chacun des enfants qui lui sont confiés. Pour Theytaz (DIP/OES), il s'agit en effet de « remettre en cause les concepts courants de dons, de potentiel intellectuel déterminé, de dispositions héréditaires, de rythme immuable de développement propre à chacun » (1991, p. 7).

Lorsqu'un élève est accueilli en appui individuel, il serait bon que le *mapi* lui dise qu'il est un enfant intelligent, mais que, pour l'instant, ses résultats scolaires sont insuffisants et qu'ils vont chercher ensemble à comprendre pourquoi. Si le *mapi* doit parler à l'enfant de cette manière, ce n'est pas d'abord parce que ces belles paroles font du bien à l'enfant, mais parce que le *mapi* doit être intimement convaincu des potentialités énormes de chaque enfant.

Theytaz, dans le même document, défend également avec beaucoup de vigueur la thèse selon laquelle « les structures et les potentiels intellectuels sont modifiables, les rythmes de développement peuvent être accélérés, les écarts entre individus peuvent se réduire » (*op. cit.*, p. 7). Dans son ouvrage de 1987, il paraphrase Bloom (1979) en disant que « ce qu'un enfant peut apprendre, presque tous les autres le peuvent aussi, si on les place dans des conditions d'apprentissage favorables » (Theytaz, 1987, p. 7).

Le postulat d'une intelligence éducable, évolutive, en constant développement, oriente évidemment les démarches d'enseignement. Il encourage une foi indéfectible dans les possibilités de progrès de l'enfant, suscite, au niveau pédagogique, la mise en place de projets et aide les intervenants à activer les ressources du milieu.

De plus, on connaît, depuis les recherches de Rosenthal et Jacobson à la fin des années 60, l'effet créateur de la prévision et les phénomènes d'auto-réalisation des prophéties : si l'enseignant est persuadé que l'enfant avec lequel il travaille est intelligent, ce dernier réussira bien mieux que s'il est persuadé du contraire. De nombreuses recherches ont mis clairement en évidence ce phénomène que l'on connaît sous le nom d'effet Pygmalion.

Il n'est peut-être pas inutile de rappeler ici une expérience proche du monde scolaire qui permet de mieux comprendre les implications de l'effet Pygmalion dans la classe (expérience relatée par Leyens, 1983, p. 231).

> Une équipe de psychologues débarque d'une université prestigieuse dans une classe d'école primaire pour faire passer aux élèves un « test d'épanouissement intellectuel ». Les tests sont corrigés et certains résultats sont communiqués aux instituteurs et institutrices : il faudra s'attendre à ce que l'intelligence des élèves x, y et z se développe tout particulièrement au cours de cette année scolaire, car leurs capacités sont excellentes.

Tel est le verdict du prétendu test qui ne mesurait en fait absolument rien : les enfants « en voie d'épanouissement » ayant été désignés au hasard. Mais le verdict d'un autre test, tout à fait sérieux lui, qui a mesuré le quotient intellectuel des enfants au début et à la fin de l'année scolaire, corrobore tout à fait ce « test d'épanouissement ». Il a donc suffi que les enseignants soient persuadés des possibilités de certains élèves — tirés au hasard ! — pour que ceux-ci augmentent, non pas seulement leurs notes scolaires, mais, plus subtilement et indirectement, leur quotient intellectuel.

Sans une approche résolument positive qui lui permettra d'activer les ressources de l'enfant et de son entourage, le *mapi* ne pourra pas s'engager dans une relation d'aide efficace : le remède sera alors pire que le mal, car il renverra l'enfant à l'image de sa propre et définitive incompétence.

Chapitre 2 *Les paradoxes*

Jusqu'ici, le rôle du *mapi* dans l'institution scolaire, les ressources et les difficultés de la structure ont été clarifiés. Il serait judicieux maintenant de montrer pourquoi, très souvent, la situation du *mapi* est difficile, voire parfois paradoxale. En prenant conscience des contradictions dans lesquelles il est plongé, le *mapi* pourra probablement les assumer plus facilement.

Posthumus ou l'ennemi n° 1 du *mapi*

Il est un ennemi invisible que le *mapi* doit absolument démasquer : Posthumus ! Dans son ouvrage sur la lutte contre l'échec scolaire, Crahay (1996, p. 296) souligne en effet qu'une « grande majorité des enseignants sont victimes de l'effet Posthumus qui se ramène à l'idée que l'évaluation doit aboutir à une distribution gaussienne des notes », donc à l'idée que, dans chaque classe, quel que soit le niveau des élèves, il y aura toujours un ou deux élèves en échec !

Une conséquence importante de cette loi est que « la réussite des élèves au terme d'une année scolaire est largement tributaire de la classe qu'il fréquente » (*op. cit.*). Autrement dit, l'élève en échec est l'élève qui est le dernier du groupe-classe auquel il appartient et non l'élève qui n'a pas atteint les objectifs du programme.

L'implication dans le travail du *mapi* est dès lors évidente : il y aura toujours un dernier de classe, donc un élève en échec. Le travail du *mapi* est donc un travail « à la Sisyphe » !

Pour utiliser une métaphore, le *mapi* ressemble à un entraîneur qui aide le coureur en difficulté à rattraper le peloton. Or, s'il réussit dans son entreprise, apparaît un nouveau coureur qui occupe la dernière position et qui a besoin de nouveau de l'aide de l'entraîneur. Lorsque plusieurs coureurs auront appris à courir plus vite, le groupe dans son ensemble courra plus vite et un nouveau coureur se retrouvera en queue de classement. Le processus est sans fin et le salaire de l'entraîneur assuré !

Paradoxe connexe : lorsque le *mapi* apporte son aide à la classe, par exemple lorsqu'il fonctionne en duo pédagogique, il permet au groupe-classe de progresser, mais est d'une efficacité limitée dans la lutte contre l'échec scolaire. Posthumus guette... et répartit de toute façon les élèves dans une distribution gaussienne des résultats.

Ce phénomène sera repris et analysé dans le chapitre consacré aux « mesures institutionnelles » de lutte contre l'échec scolaire.

Mapi ou G.O. ?

Comme nous l'avons vu dans le premier chapitre, les documents officiels définissent l'appui pédagogique intégré comme « une aide aux élèves en difficulté qui fréquentent l'école ordinaire » (DECS/OES, 1997, p. 41). Cette définition permet d'emblée à l'enseignant spécialisé de comprendre son rôle dans l'école et d'éviter ainsi d'entrer dans des modes de fonctionnement qui s'éloigneraient de sa mission première.

En effet, dans certaines écoles, le *mapi* s'est transformé progressivement en animateur de centre. Dans d'autres, il gère les travaux de groupe dans les classes. Parfois, il organise la fête de Noël pour le centre scolaire, en intégrant les élèves en difficulté dont il a la charge et à qui « cette magnifique expérience apportera des bénéfices incontestables... ». Incontestables, probablement, mais ces bénéfices sont-ils « testables » en termes de progrès réels pour l'enfant dans ses difficultés spécifiques ? L'aide individuelle est donc irremplaçable, alors qu'une aide plus globale à l'école est nécessaire, mais insuffisante.

Il ne s'agit pas de refuser le rôle important que peut jouer le *mapi* dans les projets de centre. Il est par contre nécessaire que celui-ci clarifie son rôle et ne s'éloigne jamais de sa préoccupation première : l'aide aux élèves en difficulté.

L'appui spécifico-global

Les concepts d'appui « global » et « spécifique » ont été clarifiés plus haut. Néanmoins, la notion d'appui global s'entoure de la brume épaisse des concepts flous et confortables. Souvent, « l'appui global » risque en effet de devenir le refuge doré du *mapi*, aire haut placée dans les airs de la haute ortho-psycho-pédagogie : « Moi, Monsieur, je vise des objectifs de mieux-être, de mieux-vivre, de mieux-assumer, de mieux-cognitiver ». Et tant pis si Sophie ne lit toujours pas : elle mieux-assume !

Soyons clair. Si Sophie est signalée pour des difficultés de lecture, l'objectif du *mapi* est que Sophie apprenne à lire mieux. Il s'agit à nouveau de clarifier les buts et les moyens. Si par le « brain-gym » ou la sophrologie, Sophie apprend à lire, tant mieux. Mais le danger est manifeste que les moyens deviennent une finalité.

> La première année où j'enseignais comme mapi, un enseignant titulaire m'a signalé un élève pour des difficultés mathématiques en précisant que s'il me le « confiait », ce n'était pas « pour qu'il s'allonge sur une couverture et qu'il apprenne à respirer ! ». La remarque m'avait fait sourire, alors. J'ai mieux compris par la suite qu'il faisait allusion à une approche (trop) globale. Je lui ai assuré que non, chez moi, l'élève ne se coucherait sur une couverture que si j'avais la conviction que l'apprentissage d'une respiration maîtrisée lui permettrait de mieux maîtriser l'addition en colonnes !

Cet aspect doit être souligné car, lors de la mise en place de l'appui pédagogique, la crainte était réelle de voir l'aide apportée à l'enfant se travestir en rattrapage scolaire : pour éviter de se fourvoyer dans une pédagogie compensatoire, le *mapi* s'entourait alors d'un dispositif pédagogique impressionnant — je passais alors mes après-midi de congé dans les magasins de jeux — et s'inscrivait à tous les cours para-pédagogiques : édukinésiologie, PNL, Analyse Transactionnelle, sophrologie, yoga, etc. Travailler sur une fiche scolaire relevait alors du crime de lèse-orthopédagogie.

Le paradoxe qui guette le *mapi* se résume donc à la question suivante : comment aider l'élève à « rattraper » son retard sans tomber dans le « rattrapage » ? Lors de la phase d'évaluation de départ, le *mapi* doit envisager toutes les hypothèses et effectuer une approche globale de la problématique, c'est évident. Par contre, lorsqu'il se focalise sur l'aspect qu'il considère comme prioritaire, le *mapi* se concentre sur un objectif spécifique qui peut, en fonction des difficultés de l'enfant, concerner exclusivement le domaine scolaire.

Gillig (1998, p. 101) craint également « un glissement des pratiques vers des conceptions plus thérapeutiques que pédagogiques ». Il se demande « ce qu'un maître chargé de l'aide à dominante pédagogique peut s'autoriser à faire, si systématiquement on lui interdit de travailler sur les registres de la compensation et du comblement des lacunes. Le maître en classe ou en regroupement d'adaptation ne fait pas que cela, mais il le fait quand il y a nécessité. S'il ne se sent pas capable de le faire, assurément il s'est trompé de voie et de vocation, ou bien a été trompé par les chants des sirènes d'un certain courant de pensée dévalorisant la pédagogie » (*op. cit.*, p. 100).

Si l'élève est en échec, s'il est malheureux en classe, c'est d'abord parce qu'il n'est pas capable de s'engager dans son métier d'élève — qui consiste avant tout à apprendre. Le rôle du *mapi* est par conséquent « d'amener le sujet de l'état d'enfant au statut d'élève » (*op. cit.* p. 103). Le *mapi* se définit donc d'abord comme un spécialiste de l'apprentissage et des conditions favorables à l'apprentissage.

Précisons également que les processus mentaux de l'enfant ne s'exercent jamais dans une vacuité temporelle ou spatiale. L'enfant utilise sa mémoire, élabore son raisonnement, anticipe la tâche, réfléchit, etc. sur un objet précis d'apprentissage. Exercer la mémoire ou les capacités d'abstraction pour elles-mêmes, c'est pédaler dans le yogourt : ça fatigue, mais ça n'avance pas ! Comme le relèvent Huteau *et al.* (1994, p. 12), « l'étude du transfert montre que des procédures considérées comme générales par l'expérimentateur sont apprises de façon très contextualisée par les sujets ».

C'est pourquoi les processus mentaux doivent s'exercer sur les supports mêmes de la classe. Le *mapi* exercera donc les stratégies mnémoniques sur la leçon d'histoire du jour. Il aidera l'enfant à adopter une stratégie de résolution de problème à partir des exercices du manuel de classe. Il développera la concentration de l'enfant sur sa fiche de grammaire. Il renforcera la motivation de l'élève dans l'apprentissage de la lecture et sa concentration dans des tâches scolaires.

Cretton (1993, p. 11) précise également que « toutes les activités, qui ont pour but d'apprendre à l'élève à développer des aptitudes et des comportements favorables aux apprentissages, s'exercent bien entendu sur la base de notions scolaires contenues dans le programme, et non pas sur des moyens artificiels qui seraient pour lui dénués de sens et de fondement ».

Saint-Laurent *et al.* (1995, p. 61) insistent aussi sur la nécessité de travailler sur le matériel scolaire : « Avec les élèves à risque, il ne s'agit pas d'utiliser du matériel complètement différent de celui utilisé avec les autres. Il s'agit de mettre le matériel à leur portée ».

Ces remarques se justifient également par l'incontournable problématique du transfert et de la généralisation des apprentissages : le travail effectué avec l'enfant en appui sur le même matériel que celui utilisé en classe permettra un meilleur réinvestissement en classe des compétences développées en appui individuel. Huteau *et al.* (1994, p. 16) montrent en effet qu'il « existe une solidarité entre les stratégies exécutives et les domaines auxquels elles s'appliquent ». Dès lors, « la remédiation serait peut-être plus efficace si elle portait directement sur le domaine que l'on cherche à améliorer » (*op. cit.*, p. 14).

Les chercheurs eux-mêmes s'acheminent vers des modèles où les compétences cognitives des enfants se développent à partir de tâches bien délimitées. En effet, selon Doudin et Martin (1992, p. 22), le « changement cognitif devrait porter plutôt sur l'amélioration des compétences dans un champ spécifique et bien délimité ». Dans les modèles plus ambitieux — visant par exemple à une modification des structures mêmes de l'intelligence — le transfert des compétences développées dans les domaines de l'école et de la vie quotidienne est « difficile dans la plupart des cas » (*op. cit.*). Doudin et Martin proposent donc de « s'appuyer sur des notions spécifiques qui soient en relation avec le domaine scolaire, (...) tout en gardant pour objectif l'amélioration des processus de pensée » (*op. cit.*).

En résumé, on peut dire que, même si l'approche est globale, le souci du *mapi* est toujours d'aider très concrètement l'enfant dans son « métier d'élève ». L'objectif est donc de permettre d'abord à l'enfant de réussir en classe. « Considérer l'enfant dans sa globalité en accordant une place essentielle aux caractéristiques psychologiques et sociales ne doit pas se faire au détriment de l'importance à accorder au développement intellectuel » (DIP, 1991, p. 31).

L'acharnement pédagogique

L'appui pédagogique intégré n'échappe pas aux difficultés liées à toutes les professions basées sur la relation d'aide. Le « paradoxe de l'aide » guette en particulier le *mapi* : plus le *mapi* aide l'enfant, moins celui-ci peut mobiliser ses propres ressources et plus le *mapi* se sent impuissant.

Curonici et Mc Culloch (1997, p. 139) décrivent à ce propos des situations où « l'aide de l'enseignant rencontre une attitude passive ou dépendante de l'élève. Plus l'enseignant l'aide, plus l'enfant semble avoir besoin d'aide, plus ses 'incompétences' sont manifestes ».

Ce type de problématique est très difficile à gérer pour le *mapi*. La solution est probablement de recadrer la situation (cf. chapitre 5 – Le recadrage) et de sortir du « plus de la même chose » (Watzlawick *et al.*, 1981). L'arrêt de la mesure est souvent nécessaire. La difficulté réside dans le fait que le *mapi* doit dès lors informer le titulaire, les parents et l'enfant que la mesure d'appui s'arrête, alors même que les résultats de l'enfant sont de plus en plus catastrophiques.

De plus, comme le signale Évéquoz (1986, p. 39), les messages que s'échangent l'adulte et l'enfant sont souvent contradictoires. D'une part, le maintien de l'élève en appui l'informe implicitement que ses difficultés persistent : « Les messages vont dans le sens de maintenir une relation de dépendance. L'adulte communique à l'enfant que ce dernier n'est pas compétent pour effectuer telle catégorie de tâches ; l'enfant communique parallèlement à l'adulte qu'il a besoin de son appui sans quoi il pourra se retrouver en position d'échec ».

D'autre part, la tâche du *mapi* est de montrer à l'enfant qu'il est compétent, de le mettre en situation de réussite, de l'encourager, de tenter de restaurer sa confiance en lui et son sentiment de contrôlabilité. Évéquoz (*op. cit.*) parle à ce propos de « messages qui favorisent une relation d'indépendance. Ici l'enfant recevra des messages qui le confirment comme compétent pour effectuer avec succès et sans appui certaines tâches ».

Par conséquent, le travail du *mapi* gagnera en efficacité si les objectifs sont bien définis et si la prise en charge est limitée dans le temps. Les prises en charge « au long cours » sont rarement profitables. Il est toujours souhaitable d'interrompre, au moins provisoirement, une prise en charge et de se laisser le temps d'évaluer la situation avant un nouvel appui.

La situation suivante permettra probablement de mieux comprendre pourquoi, parfois, la meilleure façon d'aider est d'arrêter l'aide et de ne pas tomber dans des situations « d'acharnement pédagogique ».

> Cédric se trouvait en 4P lorsque son enseignante le signale en appui pour des difficultés en lecture et en maths. Son attitude face à la tâche est souvent impulsive et ses résultats très irréguliers. Des difficultés de concentration se manifestent également en classe.
>
> L'évaluation formative de départ, effectuée en appui pédagogique individuel, confirme les difficultés en mathématiques (numération et opérations) et souligne les difficultés de lecture principalement dans l'exercice d'étude de texte. Elle permet également de mieux comprendre les difficultés de concentration

signalées par la titulaire : en réalité, Cédric peut rester concentré très longtemps sur une tâche qui l'intéresse.

Le *mapi* propose à la titulaire une prise en charge individuelle en appui où seront travaillées la construction du nombre (valeur de position et base 10) et une procédure efficace de réalisation des études de texte.

À la fin de la quatrième primaire, les résultats sont décevants : Cédric a progressé très légèrement en maths, mais ses résultats globaux sont faibles. Son attitude face au travail est toujours négative ; souvent en classe, il ne réalise pas les tâches demandées ou travaille très lentement.

En début de cinquième, le *mapi* propose à la nouvelle titulaire de poursuivre l'appui. Il effectue à nouveau une évaluation globale et revoit la mère de Cédric qui lui apporte des informations intéressantes : pendant l'été, la famille a consulté un centre « spécialisé dans le traitement de l'échec scolaire » et a inscrit Cédric pour des cours privés qui se poursuivront pendant l'année scolaire. La mère de Cédric demande également aux enseignants quelle aide ils peuvent apporter à l'enfant et souhaite la poursuite de l'appui.

Après 3 mois d'appui, le *mapi* rencontre à nouveau la titulaire qui l'informe des difficultés persistantes de Cédric. De plus, l'attitude de l'élève est détestable : il refuse de s'engager dans son travail et perturbe le déroulement de la classe.

Le *mapi* propose alors de revoir les parents et de recadrer la situation : Cédric ne s'investit pas dans son travail parce que les adultes qui s'occupent de lui portent ses difficultés à sa place. L'élève est en effet suivi (poursuivi ?) par ses parents, le psychologue du centre spécialisé, l'enseignante privée, la titulaire de classe, le *mapi* et parfois même son parrain. Pour la titulaire et le *mapi*, le remède est maintenant pire que le mal. Les enseignants encouragent alors les parents à renoncer à toutes les mesures prises et à encourager Cédric à assumer tout seul ses réussites et ses échecs. L'enfant doit en effet comprendre qu'il est responsable de son travail scolaire et que, dorénavant, les adultes refuseront de porter à sa place ses difficultés scolaires. Suite à cette rencontre, le *mapi* informe l'élève de la raison pour laquelle le cours d'appui s'interrompt.

Après un mois, le *mapi* rencontre à nouveau la titulaire qui l'informe alors que Cédric a beaucoup progressé dans son attitude et confirme que le recadrage était pertinent. Cédric se présente même parfois spontanément, avant les heures de classe, pour rattraper son travail en retard. De plus, la mère a informé la titulaire que Cédric se prend également en charge maintenant pour ses tâches à domicile.

En fin de cinquième, Cédric est promu en 6P : ses notes en maths sont toujours faibles, mais ses résultats en français sont bien meilleurs.

Cet exemple permet de comprendre comment, en voulant apporter toujours plus d'aide — « toujours plus de la même chose » — on ne laisse plus l'enfant s'investir dans son travail. En renonçant à toutes les mesures d'aide, les enseignants ont pu montrer à Cédric que son destin scolaire était entre ses mains et qu'ils le savaient compétent pour assumer seul ses apprentissages.

Adapter le système / adapter l'élève

Une autre question intéressante tourne autour du possible et du souhaitable : peut-on réellement adapter le système scolaire pour qu'il fonctionne de façon à accueillir tous les enfants, quelles que soient leurs difficultés, voire leur handicap, ou doit-on se contenter d'aider l'enfant à s'adapter à un système qui n'est pas, a priori, prévu pour lui ? Comme le relève Gillig (1996, p. 68), « la différence entre un enseignement d'adaptation qui fut celui des années soixante-dix et un enseignement adapté est de taille. Le premier vise à adapter et réadapter l'élève au système, sans que ce dernier subisse une remise en question du modèle préétabli. Le second vise à adapter l'enseignement ordinaire au niveau des potentialités de l'élève, donc en portant des retouches au modèle ».

Une première réponse est apportée par les recommandations officielles qui, comme il a déjà été mentionné, ont fixé comme objectif général « d'introduire au sein de la classe ordinaire une pédagogie permettant à l'enseignant titulaire de s'occuper de tous les élèves par le développement de la différenciation » (DECS/OES, 1997, p. 41).

Autrement dit, selon les directives officielles, le *mapi* doit œuvrer à adapter le système scolaire. Or, si l'intention est louable et généreuse, elle pose, au quotidien, des questions difficiles.

Trois petits exemples clarifieront le propos :

Mathilde est une élève de cinquième primaire qui vient en appui individuel pour apprendre à mieux gérer ses tâches à domicile. Le *mapi* travaille avec elle sur une méthode lui permettant de mieux apprendre ses leçons. Il lui demande donc de prendre en appui le matériel nécessaire à la réalisation de ses tâches.

Un jour, elle présente au *mapi* une leçon d'histoire où elle doit étudier un texte décrivant les rues de Paris à la fin du XIVe siècle. Un autre jour, le thème concerne l'extension de la Ville de Sion au Moyen Âge. La troisième leçon — et je crois bien que c'est celle-là qui fut fatale au *mapi* ! — exige une mémorisation de tous les impôts et redevances existant au Moyen Âge.

En tant qu'enseignant, je trouve ces tâches terriblement difficiles — le vocabulaire utilisé dans le livre d'histoire est très ardu — et l'intérêt nul : le *mapi* doit-il, par conséquent, fomenter un complot visant le Dépôt du matériel scolaire et organiser l'autodafé des ouvrages d'histoire de cinquième primaire ou, pragmatique et résigné, se contente-t-il d'aider Mathilde à jongler avec la dîme, le cens (le sens ?) et le champart ?

L'exemple qui va suivre montre également pourquoi, souvent, le *mapi* doit aider l'élève à s'adapter au fonctionnement de l'école et doit différer le changement des pratiques, si ce n'est carrément y renoncer.

> Valérie est en appui pédagogique pour des difficultés d'orthographe. Comme elle ne sait pas préparer correctement ses dictées à la maison, le *mapi* lui conseille une procédure consistant à repérer dans le texte les difficultés grammaticales et à visualiser les mots difficiles.
>
> Un jour, elle annonce au *mapi* que, dorénavant, la maîtresse a décidé de ne faire que des dictées non préparées. Les élèves sont, selon elle, assez grands maintenant pour réaliser ce type d'exercices.

Comme le *mapi* maîtrise parfaitement la respiration yogique complète et l'exercice « d'imitation de la tortue » — rappelons-nous qu'il a suivi tous les cours de sophrologie et de yoga —, il peut répondre calmement à l'élève que, soit, dorénavant on s'entraînera en appui à l'exercice de dictée lui-même ! L'autre possibilité eût été de démontrer à la maîtresse que, probablement, elle venait de choisir le plus mauvais moyen pour apprendre l'orthographe à ses élèves...

Un dernier exemple permettra de questionner l'organisation du programme et le projet global poursuivi à l'école. Theytaz (1990, p. 276) distingue, à ce propos, les objectifs travaillés en classe et les apprentissages qui sont réellement utiles dans la vie de tous les jours : « L'intérêt porté sur l'apprentissage en général et ses processus nous amène à réfléchir plus particulièrement sur les apprentissages déterminants pour la réussite ou l'échec à l'école et les apprentissages utiles, pour l'avenir, dans la vie de tous les jours, et à les distinguer ».

> Cécile est signalée en appui par la titulaire de quatrième primaire pour des difficultés en mathématiques et en composition. En termes de « projet global », le travail en composition semble prioritaire : plus tard, lorsqu'elle sera adulte, Cécile devra évidemment être capable de rédiger une lettre, d'écrire une carte postale, d'utiliser un traitement de texte, etc.
>
> Dans l'immédiat, Cécile est en difficulté scolaire et, au vu de ses résultats actuels, elle ne sera pas promue en cinquième. Est-ce que le *mapi* va choisir de

poursuivre en priorité l'objectif général de composition ou va-t-il se concentrer sur l'apprentissage des diagrammes de Venn, de Carroll, les réseaux et la base cinq — dont on ne voit pas l'apport déterminant dans une perspective de projet global ? Si le *mapi* choisit pourtant cette deuxième solution, il permettra certainement à Cécile d'améliorer ses résultats en maths et sa moyenne générale — la note de maths compte double dans le calcul. Il lui permettra ainsi d'être promue en cinquième primaire. Pragmatique, le *mapi* a choisi finalement la deuxième solution.

Comme on peut le constater dans ces exemples, le choix n'est pas toujours évident entre l'adaptation du système à l'enfant et l'adaptation de l'enfant au système. De plus, seule la problématique des objectifs scolaires a été abordée ici : il faudrait également parler du développement de l'autonomie, de la responsabilité, de la confiance en soi, de la capacité de travailler en collaboration, etc. qui, si l'on réfléchit en termes de projet global, paraît infiniment plus important que la maîtrise du « groupe prépositionnel complément de phrase » ou de l'orthographe des adjectifs de couleur. Theytaz relève également « qu'il est paradoxal de constater que, pour réussir dans la vie, il faut des compétences relativement peu développées en classe » (1990, p. 277).

Il est clair que le *mapi* ne doit pas négliger le rôle qu'il peut jouer dans le questionnement des pratiques et du projet global poursuivi par l'institution scolaire, mais, dans le quotidien de sa tâche, il doit souvent apporter une réponse immédiate à la détresse de l'enfant. C'est d'ailleurs probablement dans les réponses qu'il apporte quotidiennement aux difficultés des enfants que le *mapi* peut questionner le système. Les interrogations autour des difficultés de mémorisation de Mathilde ou des problèmes d'orthographe de Valérie permettront peut-être au *mapi* et au titulaire de reconsidérer le projet global de l'apprentissage de l'histoire et de l'orthographe à l'école primaire. Un premier (petit) pas vers le questionnement de l'institution vient d'être franchi. Un grand pas pour l'enseignant en question, mais un petit pas pour l'école...

Pour conclure, on peut donc souligner que la question « adapter le système ou adapter l'élève ? » trouve sa réponse dans l'articulation objectif général / objectif spécifique : par l'aide individuelle et différenciée d'une part (objectif spécifique) et par le travail de collaboration avec les titulaires d'autre part, la structure d'appui permet de dynamiser le fonctionnement de l'école en général et de modifier l'attitude des enseignants face à la différence (objectif général).

Et l'objet devint sujet

Le travail du *mapi* n'est pas un travail « **sur** » l'élève en difficulté, mais un travail « **avec** » l'élève en difficulté (Paquette, 1985). Or, l'élève est très rarement demandeur de l'aide qu'on lui propose. Le plus souvent, c'est le titulaire qui signale l'enfant à l'enseignant spécialisé. Le premier défi du *mapi* est donc de permettre à l'enfant, objet de la demande du maître, de devenir sujet, auteur et acteur de sa réussite. Comme le souligne La Monneraye (1991, p. 134), « la première question qui se pose à nous est de savoir comment nous allons faire passer cet élève du statut d'objet d'une demande à celui de sujet désirant ou ne désirant pas ».

Les premiers entretiens avec l'enfant sont, à ce propos, déterminants. Souvent, l'enfant apprend qu'il est signalé pour un appui pédagogique au moment même où son maître le conduit pour la première fois dans la salle du *mapi*. Lorsque, seul avec lui, le *mapi* lui demande s'il sait où il est et pourquoi, il lui répond, presque toujours, que non ; le maître lui a demandé de le suivre pour aller chez un monsieur — ou chez une dame —, mais non, il ne sait ni pourquoi ni comment ça se passe.

Nous verrons dans le chapitre consacré à la collaboration comment nous pouvons aider l'enfant à adhérer très librement au projet que le titulaire et le *mapi* ont pour lui afin qu'il devienne réellement sujet dans le projet et non plus objet du projet.

Exclure pour intégrer

L'appui pédagogique est dit « intégré », c'est-à-dire intégré à la structure régulière : la salle du *mapi* se trouve, en général, dans le même bâtiment scolaire que les classes primaires. Mais l'élève en difficulté quitte sa classe pour rejoindre le *mapi* dans sa salle et vit une expérience d'exclusion à l'intérieur du système.

Si le *mapi* travaille dans la salle de classe en duo pédagogique, le risque est également présent de stigmatiser l'enfant en difficulté. Le sentiment d'exclusion peut se vivre à l'intérieur même de la classe. Comme le souligne Bless (1990, p. 9), « le statut sociométrique des élèves ayant des difficultés d'apprentissage scolaire et placés dans des classes pratiquant l'intégration est en moyenne nettement inférieur à celui des élèves sans difficultés scolaires ».

Voilà donc une mesure qui s'auto-proclame « intégrée » et qui, dans les faits, tend à favoriser la marginalisation de l'enfant en difficulté. Comme le relève Moulin (1998, p. 23), « l'axe idéologique fait apparaître le paradoxe sur lequel reposent les différentes mesures d'aide. Censées favoriser l'intégration scolaire de l'enfant en difficulté, elles sont toutes fondées sur une logique d'exclusion. L'exclusion peut être momentanée dans le cas du soutien ou de la classe ressource, durable voire définitive dans le cas de la classe de développement ou du redoublement ».

Comme nous le voyons ici, la question du lieu de travail du *mapi* est importante, mais ne trouve pas de réponse définitive : le *mapi* doit-il travailler avec l'élève en individuel dans son local d'appui ou doit-il intervenir dans la salle de classe ?

Pour avoir expérimenté les deux modalités, je dirai que le choix doit se faire en fonction de nombreux paramètres, en priorité le bien de l'enfant, mais également la qualité de la relation avec le titulaire, le mode de fonctionnement de la classe, le moment de la prise en charge (évaluation, remédiation), les autres élèves de la classe, le fonctionnement général du centre scolaire, etc.

Un travail en classe avec un titulaire opposé à la démarche n'est évidemment pas souhaitable. Une aide individuelle en salle d'appui pour un élève qui montre des troubles du comportement dans la salle de classe est également insatisfaisante. D'une manière générale, le travail individuel semble préférable lors de la phase d'évaluation de départ. En fonction des objectifs définis par la suite, un travail en classe est parfois indispensable.

La Monneraye (1991, p. 117) s'oppose, quant à lui, au travail du *mapi* dans la classe. Il pense même qu'il faut refuser la proposition du titulaire, si celui-ci invite le *mapi* à observer l'élève dans la classe : « Il y a un interdit, me semble-t-il, pour le rééducateur à aller observer l'élève dans la classe, qui est le pendant de l'interdit, pour le maître comme pour les parents, d'aller en salle de rééducation pendant les séances. Que diraiton d'un thérapeute qui irait observer l'enfant chez lui dans sa famille ? Il ne suffit pas d'être trois pour qu'il y ait vie sociale, au sens humain du terme. Il faut que ces trois personnes ne soient pas perpétuellement ensemble. La relation triangulaire ne commence que lorsqu'une personne peut parler de ce qu'elle a vécu avec une autre qui n'est plus là à une troisième qui n'a pas vécu la même chose parce qu'elle n'était pas là ».

Pour Hutin (cité par Grossenbacher, 1994, chap. 5.3.1), les deux formes, si elles sont exclusives, ne sont guère satisfaisantes : « Dans un premier cas, la maîtresse ou le maître d'appui pédagogique n'a pas pu observer l'enfant, ne sait rien de son expérience et de son comportement dans la classe régulière ; les deux enseignants n'ont pas pu échanger leurs points de vue. Dans le second cas, la maîtresse ou le maître d'appui pédagogique ne peut pas s'occuper de manière intensive de l'enfant ; celui-ci ne profite pas des conditions et du climat favorables qu'un enseignement individuel ou en petits groupes lui apporterait. » Hutin plaide finalement pour une organisation souple, en fonction de la situation particulière des enfants et des enseignants.

Bédard-Hô (1993) pense également que les deux modèles — intervenir en classe ou à l'extérieur de la classe — sont valables et qu'il est difficile de choisir définitivement une des deux formes. Elle précise que « les recherches sur l'efficacité des différents modèles de classe-ressource (appui) n'arrivent pas à établir de consensus et présentent même des résultats contradictoires » (1993, p. 22). Elle conclut sa réflexion en disant « qu'il semble que les deux modèles proposés peuvent donner de bons résultats quand ils sont bien appliqués » (p. 24).

Il est enfin intéressant de connaître l'avis des enfants sur ce sujet. Goupil et Comeau (1993, p. 19) ont justement interrogé des élèves qui profitaient de l'appui à l'extérieur de la classe régulière et arrivent à la conclusion « qu'ils préfèrent recevoir les services de l'orthopédagogue en dehors de la classe ». Ils relèvent que leurs conclusions sont similaires à d'autres recherches qui « constatent que les choix des enfants concordent avec la modalité des services qu'ils reçoivent effectivement » (*op. cit.*).

Une enquête présentée par Moulin (2000, pp. 61-66) confirme ces résultats. Un questionnaire, proposé à 124 élèves suivis en soutien, aborde la question de la forme du soutien, à l'intérieur ou à l'extérieur de la classe : « Il semble que dans l'esprit des enfants suivis, il y ait une préférence pour le soutien à l'extérieur de la classe ». Moulin (*op. cit.*, p. 64) tente une explication : « De ces différentes données ressort l'idée que vivre un moment en individuel avec le maître d'appui est vu comme un privilège et représente un moment relationnel fort dans un contexte où les élèves en difficulté n'existent trop souvent que par la négative. Ainsi, les fondements scientifiques et idéologiques, qui tendent à privilégier un soutien exclusivement intégré, ne doivent pas nous faire perdre de vue que les enfants en difficulté ont peut-être besoin de se retrouver occasionnellement dans une situation relationnelle privilégiée avec un maître de soutien dont l'une des fonctions importantes sera de renvoyer à l'élève une image positive. »

Hara-kiri et *mapi*

Selon Theytaz (1993), le but de l'appui est de disparaître le plus rapidement possible ! En effet, si la mesure permet d'introduire dans les classes régulières la pratique de la différenciation, le *mapi* devient totalement inutile puisque l'enseignant de classe régulière pratique une pédagogie lui permettant de s'occuper de tous ses élèves.

Dans un article — malicieusement intitulé « De l'inutilité de l'appui » —, Theytaz (1993, p. 24) écrit : « Demain, lorsque les conditions permettront aux enseignants d'intégrer sans marginalisation la différenciation pédagogique à la vie collective de la classe, l'appui pédagogique deviendra inutile. C'est dans cette perspective d'ailleurs que l'appui a pour rôle essentiel de contribuer à promouvoir une pédagogie de la différenciation, donc à devenir inutile. »

En attendant ce futur rêvé — qu'on ne voit pas avant après-demain, soyons réalistes... —, on peut se demander si la position idéale du *mapi* n'est pas celle du médiocre ! S'il est carrément nul, le *mapi* ne sera plus guère sollicité : son travail dépend directement des signalements des titulaires ; plus de signalements, plus de boulot ! Si, à l'opposé, le *mapi* est d'une redoutable efficacité et qu'il permet rapidement à chaque élève de réussir dans sa classe, il se retrouve également très vite sans travail. Les *mapis* en fonction — dont je suis — devraient donc souvent s'interroger sur la qualité de leur travail et assumer, probablement, leur « médiocritude » !

Les paradoxes : conclure sans conclure

Ce chapitre nous a permis d'aborder de nombreuses questions difficiles. Souvent, il n'est pas possible de résoudre les paradoxes énoncés ou de trouver des solutions définitives aux interrogations posées. Là n'est d'ailleurs peut-être pas le plus important.

Ce qui est essentiel, par contre, c'est de dire l'implicite, c'est de mettre en mots ce qui reste souvent diffus, voire indicible : ce chapitre a permis justement de soulever des questions préoccupantes et de clarifier ce qui fait la difficulté de notre travail de *mapi*.

Dès lors, il nous faut apprendre à vivre avec ces paradoxes. Lorsque le malaise est identifié, le malade peut envisager, si ce n'est de guérir, du moins de vivre avec…

Chapitre 3 *Les modalités de l'intervention*

Après avoir défini l'appui pédagogique intégré, décrit son fonctionnement, souligné ses avantages et ses difficultés, nous pouvons maintenant aborder les modalités de l'intervention du *mapi*.

Nous verrons tout d'abord que le *mapi* peut travailler à des niveaux très différents, sans pourtant s'éloigner de sa fonction première, la lutte contre l'échec scolaire et l'aide aux enfants ayant des besoins particuliers.

Les mesures d'appui peuvent se classer en trois catégories principales :

1. Les **mesures** que l'on pourrait qualifier d'« **institutionnelles** ». Ces mesures questionnent l'institution scolaire elle-même dans son fonctionnement. L'échec des enfants en difficulté est d'abord l'échec du système scolaire. L'école produit, par son fonctionnement même, « de l'échec ». Le *mapi* ne peut donc ignorer cet aspect. Nous verrons plus loin comment, très concrètement, là où il se trouve, le *mapi* peut intervenir.

2. Les **mesures « pédagogiques »** se situent au niveau du fonctionnement de la classe régulière. Comme nous venons de le voir, l'institution scolaire est responsable, par définition, de l'échec scolaire. Or, l'institution, c'est d'abord M. Dupont et sa classe de troisième primaire, à Sapin-Bas-Les-Trois-Villages. Dès lors, le *mapi* devra également intervenir dans le fonctionnement des classes régulières, en collaboration, bien entendu, avec les titulaires. Ces mesures pédagogiques permettent de tendre vers l'objectif général de l'appui tel qu'il est défini par l'OES (Office de l'Enseignement Spécialisé du Valais) : « Introduire au sein de la classe ordinaire une pédagogie permettant à l'enseignant titulaire de s'occuper de tous les élèves par le développement d'une pédagogie de la différenciation » (DECS/OES, 1997, p. 41).

3. Les **mesures d'aide individuelle** concernent directement l'enfant en difficulté. C'est à ce niveau qu'intervient le *mapi* quand il travaille en individuel dans sa salle d'appui ou en classe.

Ces trois niveaux d'intervention correspondent à des perspectives différentes de lutte contre l'échec scolaire. Une intervention exclusive à un seul niveau est insuffisante. Comme le souligne Grossenbacher (1994, p. 90), « l'échec scolaire peut être interprété dans une perspective sociologique, sur l'arrière-fond de la discrimination sociale, ou plutôt dans une perspective psychologique, sur l'arrière-fond des caractéristiques individuelles du développement, ou encore dans une perspective pédagogique, sur l'arrière-fond d'une situation d'apprentissage déficitaire. Il est important de prendre en considération toutes ces perspectives si l'on veut avoir une idée générale du problème. »

En principe, le travail du *mapi* se concentre sur les mesures d'aide individuelle : dans la classe de M. Dupont, c'est d'abord la petite Sophie qui doit bénéficier de l'aide du *mapi*. Néanmoins, si le *mapi* n'envisage pas dans son mode de fonctionnement les perspectives sociologiques et pédagogiques, il ne permettra pas au système scolaire de changer. Et si le fonctionnement même de l'école n'évolue pas, l'institution produira encore et toujours et sans fin de l'échec scolaire.

Comment le *mapi* peut-il intervenir aux niveaux institutionnel et pédagogique ? Comment un modeste *mapi* de quartier peut-il modifier l'institution scolaire ?

Une réponse à ces questions sera donnée dans les pages qui suivent. Mais deux éléments peuvent déjà ici nous laisser croire qu'un travail de fond est possible.

Tout d'abord, il est évident que l'intervention du *mapi* auprès de la petite Sophie questionne déjà M. Dupont. Et comme il a été dit, l'institution, c'est d'abord M. Dupont. Par exemple, l'appui pédagogique a été introduit dans les premières communes valaisannes il y a une quinzaine d'années. Les petites Sophie et les M. Dupont sont donc nombreux à avoir bénéficié de cette nouvelle forme d'aide. Un réel travail de réflexion a donc été mené dans l'école face à la problématique de la lutte contre l'échec scolaire, et ceci grâce à la collaboration nouvelle entre les enseignants titulaires et les enseignants spécialisés.

Ensuite, l'approche systémique a mis en évidence le fait que, si un élément du système se modifiait, tout le système devait se réajuster. Il est par conséquent possible de supposer que les projets ponctuels menés ici ou là par des enseignants ont questionné l'ensemble de l'institution. On peut penser ici, notamment, aux différents projets d'intégration d'enfants en situation de handicap dans les classes régulières. La profonde réflexion actuelle sur le fonctionnement des classes d'adaptation décentralisées, en Valais notamment, trouve certainement son origine dans des projets tout d'abord limités et circonscrits.

Theytaz (1990, p. 274) partage cet optimisme en disant « qu'apporter des modifications dans l'environnement scolaire peut, dans un délai relativement court, produire des changements spectaculaires dans la manière d'apprendre et d'enseigner à l'école ».

Les mesures institutionnelles

« L'appui pédagogique (...) est né, prioritairement, d'une volonté d'adaptation de l'école aux différences des élèves » (Theytaz, 1993). Si le *mapi* ne travaille pas à cette « adaptation de l'école », il trahit l'esprit même dans lequel a été pensée la structure d'appui pédagogique intégré.

Comme le relève également Grossenbacher (1994, p. 110), « si l'appui ne veut pas simplement se fondre passivement dans les rouages de l'école, s'il ne se contente pas de 'remédier' aux difficultés scolaires que rencontrent les élèves dits 'faibles', il doit assumer une fonction critique en signalant les déficits et les dysfonctionnements de l'école au quotidien. »

Comment l'intervention du *mapi* peut-elle donc questionner le fonctionnement même de l'école ? Deux dispositifs de lutte contre l'échec scolaire — que le *mapi* peut développer dans les centres scolaires où il travaille — vont nous permettre de répondre à cette question.

Le premier dispositif touche à la définition des objectifs dans le Plan d'études, et le second à la problématique du redoublement.

Sus à Posthumus : définissons les objectifs !

Depuis longtemps déjà, on sait que l'école assume des rôles nombreux et parfois contradictoires. Alors qu'elle promeut dans le discours l'égalité des chances et le respect des différences individuelles, elle est devenue dans les faits un outil au service de la sélection.

L'évaluation joue à ce propos un rôle déterminant et est devenue l'instrument décisif de la sélection. C'est d'ailleurs par la pratique de l'évaluation que sévit Posthumus (cf. chapitre 2, p. 23). Crahay (1996) a montré comment, par l'utilisation de questions discriminatives — qui ne relèvent ni du programme, ni des apprentissages réellement effectués en classe — l'enseignant répartit ses élèves en « bons, moyens et faibles ».

Et c'est là que le bât blesse. Tant que les objectifs des plans d'études seront définis de manière ambiguë, floue, peu précise, nous ne pourrons éradiquer l'échec scolaire. En effet, tant que le *mapi* travaillera à aider l'élève en difficulté à rattraper le retard qu'il accuse par rapport à son groupe-classe, il se trompe de cible. L'enjeu n'est pas de permettre à l'enfant d'atteindre le niveau de ses camarades de classe, mais d'atteindre les objectifs définis dans le programme.

Pour reprendre la métaphore déjà utilisée précédemment, ce qui est en jeu à l'école pour l'enfant en difficulté, ce n'est pas de courir aussi vite que ses camarades, mais d'atteindre la ligne d'arrivée. Si un élève en difficulté rattrape les coureurs plus avancés, ceux-ci, encouragés par l'entraîneur-enseignant, courront encore plus vite et laisseront vivre à l'enfant en difficulté un nouvel échec.

> Une enseignante m'a expliqué un jour qu'elle pratiquait le « jeu de l'aquarium » pendant le cours de gymnastique : celui-ci consiste à placer tous les élèves au fond de la salle sur la ligne de départ pour un jeu de course.
>
> Au signal, les enfants traversent la salle en courant le plus vite possible. Les trois élèves qui franchissent la ligne d'arrivée en dernier sont éliminés. L'exercice se poursuit jusqu'à la proclamation du coureur le plus rapide. Le but du

« jeu de l'aquarium » est donc que les élèves « coulent » (est-ce d'ailleurs là la raison de son nom ?).

Bien sûr, cet exercice est (relativement) innocent. Néanmoins, il est emblématique du fonctionnement du système scolaire. Imaginons maintenant un autre jeu (que l'on pourrait appeler le « jeu du (re)pêcheur » !) :

> L'enseignante place tous ses élèves sur la ligne de départ, au fond de la salle. Elle leur explique que le jeu consiste à traverser la salle en courant à toute vitesse de manière à franchir la ligne d'arrivée en moins de 10 secondes.
>
> Elle leur dit encore que si des élèves ne réussissent pas tout de suite l'exercice, elle leur laissera du temps pour s'entraîner et qu'elle souhaite que, d'ici la fin de l'année, tous les élèves réussissent l'exercice. Elle est prête à « repêcher » les élèves en difficulté.
>
> Elle leur propose même de s'entraider pour qu'aucun enfant n'échoue.

On imagine volontiers les implications pédagogiques de ces deux manières — radicalement différentes — d'aborder l'apprentissage et l'évaluation. En réalité, actuellement, la référence unique en matière d'échec scolaire, c'est le groupe-classe particulier dans lequel l'enfant est placé et non les difficultés éventuelles de l'enfant dans l'acquisition des connaissances scolaires. Paul, en échec dans la classe de Monsieur Poisson, réussirait tout à fait sa scolarité dans la classe de Monsieur Loiseau. Dans le jeu de l'aquarium, si vous êtes un coureur médiocre, vous avez intérêt à vous trouver dans une classe de joueurs d'échecs, plutôt que dans celle de la sélection junior du club d'athlétisme !

Comme le souligne Crahay (1996, p. 296), « le niveau de compétence atteint par un élève et l'ampleur des progrès qu'il a réalisés au cours de l'année écoulée déterminent moins sa réussite ou son échec que sa position relative dans le groupe-classe ».

Posthumus sévit même là où on ne l'attend pas vraiment :

> On a fait, par exemple, des expériences aux USA où on a regroupé dans une classe les élèves les plus performants de toutes les classes d'un secteur, sans avertir l'enseignant qu'il travaillerait cette année avec les « kings ». Tous les élèves auraient dû par conséquent réussir brillamment leur année scolaire. Or, en fin d'année, l'enseignant avait reproduit avec sa classe de « surdoués » une répartition gaussienne des résultats : trois ou quatre « bons » élèves, une majorité avec des résultats moyens... et un ou deux élèves en échec devant redoubler leur classe !

Cet exemple nous montre que nous avons tellement intériorisé les performances des élèves en termes de « courbe de Gauss » que nous nous satisfaisons difficilement d'une classe où tous les élèves réussiraient. Au collège par exemple, lorsque, sur l'ensemble des élèves entrés en première année, seule environ la moitié termine le parcours de cinq ans, on considère que le système est exigeant, performant, et on ne remet pas en cause le fonctionnement de l'école. Ce qui devrait démontrer l'inefficacité du système — le fort taux d'échecs — est présenté comme le garant de son efficacité ! Imaginons le directeur d'une usine de voitures se flattant de jeter à la casse la moitié de sa production...

Si l'on désire lutter efficacement contre l'échec scolaire, il faut donc impérativement définir les objectifs poursuivis avec les élèves en termes opérationnels (« tu traverseras la salle de gym en courant en moins de 10 secondes »). Il s'agit donc d'une problématique institutionnelle. Les plans d'études doivent être entièrement repensés et redéfinis beaucoup plus clairement. « La réussite (l'échec scolaire) est le résultat d'un jugement défini, fabriqué par l'école. Sa définition varie d'un centre scolaire à l'autre, d'une classe et d'une volée à l'autre, et cela sur la base du même plan d'études » (Theytaz, 1990, p. 282).

Pour prendre un exemple, l'objectif principal de lecture en deuxième primaire est défini comme ceci : « lire en s'aidant ou non de l'oralisation et comprendre des textes de type différent » (GRAP, 1989). On imagine volontiers les différences inévitables qui apparaîtront dans l'interprétation de cet objectif par les enseignants de deuxième primaire. L'arbitraire étant total, chaque enseignant fixera lui-même ses critères... de nouveau en fonction du groupe-classe avec lequel il travaille. Comme le précise Crahay (1996, p. 301), « l'évaluation ne peut plus rester enfermée dans le microcosme propre à chaque classe. Ses repères doivent être plus larges ». Golaz Roland (1999, p. 88) souligne également cette même difficulté en affirmant « qu'il n'est pas souhaitable de la part d'un organisme scolaire d'abandonner entre les seules mains des enseignants la responsabilité de l'évaluation des capacités des élèves sans aucune garantie d'équité pour l'ensemble des élèves. Les enseignants (...) sont conscients qu'un élève recalé dans une classe aurait pu être promu dans une autre. »

Le *mapi*, dans sa lutte contre l'échec scolaire, doit impérativement tenir compte de ce phénomène. Il pourra par exemple encourager ses collègues d'un centre scolaire ou d'un degré particulier à se réunir et à clarifier les attentes en termes d'objectifs opérationnels. Si, de plus, la grille d'objectifs est accompagnée d'une batterie d'évaluations permettant de valider les compétences de l'enfant, les enseignants pourront situer les élèves de leur classe par rapport à une population de référence beaucoup plus large.

Le *mapi* pourra également suggérer aux enseignants de comparer leurs exigences lors des évaluations qu'ils proposent aux élèves et d'élaborer des épreuves communes permettant d'évaluer les compétences des élèves dans leur classe en fonction des objectifs officiels. Grisay (cité par Theytaz, 1990, p. 280) rapporte « qu'une analyse du contenu des examens préparés par les maîtres de deuxième année primaire montre que, parmi les 650 exercices répertoriés, pas moins de 400 portent sur la matière à aborder en troisième année. Ainsi, dans un souci de faire mieux, les enseignants devancent le programme officiel parfois de plus d'un an avec l'hécatombe scolaire qu'on imagine. »

Notons encore — et ce n'est pas une évidence toujours — qu'une fois les objectifs définis, il s'agit de préparer une évaluation notée qui corresponde strictement aux objectifs fixés préalablement.

Dans son travail d'appui individuel, le *mapi* veillera également à clarifier très précisément, avec le titulaire, les attentes en termes d'objectifs, de manière à ne pas « piéger » l'enfant par des évaluations qui ne relèvent pas du programme ou qui intègrent des questions discriminatives qui n'ont pas été explicitement travaillées avec les enfants.

> Pedro est un élève portugais de sixième primaire signalé en appui pour un retard important en mathématiques. Pedro est en Suisse seulement depuis 2 ans et souffre d'un retard principalement lié à un manque de familiarisation avec les outils mathématiques tels qu'ils sont présentés chez nous.
>
> Le *mapi* décide donc de l'aider à faire le lien entre les connaissances qu'il a développées au Portugal et les compétences qu'il doit actualiser en Suisse. En début d'année, il aborde avec lui le thème 1 consacré au système de coordonnées.
>
> Le *mapi* commence par jouer avec Pedro à la « bataille navale » et fait ensuite le lien avec le thème mathématique. En se basant sur le Plan d'études, il lui annonce ensuite les trois objectifs prévus en sixième :
>
> 1) coder les points d'un plan au moyen de coordonnées ;
>
> 2) désigner un point dont on connaît les coordonnées ;
>
> 3) choisir et construire un système de référence pour garder ou transmettre la position d'un point.
>
> Pedro comprend très bien et très rapidement le fonctionnement des systèmes de coordonnées et, en quelques cours, a parfaitement atteint les 3 objectifs. Le

mapi l'informe alors qu'il est prêt à passer l'examen sur ce thème, examen prévu en classe pour la semaine suivante.

Lors du cours d'appui suivant, Pedro, la mine défaite, présente son examen au mapi : il obtient un catastrophique 3.4 et ne comprend pas son échec [1]. Il est terriblement déçu... presque autant que son maître d'appui !

À l'analyse, le *mapi* relève que les 3 objectifs travaillés sont tout à fait atteints avec l'élève. Par contre, Pedro a perdu beaucoup de points dans des exercices hors programme, comme par exemple :

- place le point d pour obtenir un parallélogramme et écris les coordonnées du point d.
- quelle est la particularité des coordonnées des points situés sur l'axe I ?
- trace en vert la bissectrice des quadrants II et IV.
- etc.

Comme il a déjà été souligné, les enseignants ont tendance à dépasser largement le programme et à introduire des questions discriminatives qui piègent les enfants. Les trois consignes ci-dessus ne correspondent pas aux objectifs du Plan d'études, mais aux exercices du manuel. Or, ce sont les objectifs qui doivent définir le travail de l'enseignant et non les moyens proposés. Dans cet exemple, l'enseignant a élaboré son évaluation en fonction du manuel de maths de sixième et non en fonction des objectifs qui, pour une fois, étaient explicites !

L'importance de la définition opérationnelle des objectifs sera soulignée à plusieurs reprises dans nos propositions ; c'est pourquoi nous avons abordé d'emblée cette importante problématique. L'évaluation est évidemment dépendante de la définition des objectifs. Nous y reviendrons donc également. Nous verrons notamment plus loin comment, de « sommative à référence normative », l'évaluation peut jouer un tout autre rôle en devenant « formative à référence critérielle ». Autrement dit, nous essayerons de comprendre comment l'enseignant peut passer d'une logique d'examens à une démarche d'accompagnement de l'élève vers la maîtrise d'objectifs préalablement définis.

Précisons cependant que le souci d'opérationnaliser tous les objectifs spécifiques risque de nous précipiter dans les excès d'une pédagogie par objectifs où les compétences que devrait développer l'enfant disparaissent dans un « saucissonnage » de micro-objectifs qui n'ont plus aucun rapport avec les aptitudes que l'on entend développer chez lui. Le

1. En Valais, la meilleure note est **6** et la moyenne nécessaire à la promotion est **4**.

chapitre consacré aux paradoxes (chapitre 2) a d'ailleurs soulevé cette importante question : comment poursuivre des objectifs définis en termes de « projet global », alors que l'école privilégie des apprentissages scolaires spécifiques (micro-objectifs) ? La problématique du possible et du souhaitable se pose à nouveau ici.

En priorité, renoncer au redoublement

Le redoublement est une mesure inefficace, nocive, dommageable et pernicieuse. Voilà qui est dit ! La recherche en éducation a démontré, depuis longtemps et de manière irréfutable, les effets négatifs de cette mesure tant en ce qui concerne les apprentissages scolaires que l'estime de soi, l'intégration sociale et la motivation.

Pourtant, cette mesure est encore appliquée chez nous — « le pourcentage d'enfants qui redoublent est actuellement de 24% en Suisse romande » (Moulin, 1998, p. 23) — et est considérée par une majorité d'enseignants comme une bonne mesure.

Ce qui fait illusion, c'est que le redoublement paraît, a priori, une mesure de bon sens : l'enfant n'a pas atteint les objectifs, c'est donc normal qu'il reprenne le programme. De plus, lorsque l'enfant redouble, il progresse et l'enseignant constate que la mesure est efficace... à court terme, ce qui le renforce dans ses convictions. Ce que l'enseignant ne sait pas, par contre, c'est que l'enfant se retrouve souvent de nouveau en échec après quelques années.

Précisons qu'en matière de redoublement la question n'est pas « est-ce que l'élève progresse lorsqu'il redouble ? » — c'est évident qu'il progresse —, mais « est-ce qu'il progresse plus en redoublant ou en étant promu ? ». Il s'agit par conséquent, lorsque l'élève est promu, de comparer ses résultats en fin d'année avec les résultats des élèves du degré précédent et non avec les résultats des élèves de sa classe actuelle. Les évaluations de ce type que j'ai pu effectuer ont toujours été favorables à la promotion. Les résultats de l'élève montrent que celui-ci a beaucoup progressé en étant promu et que tous les objectifs importants du degré précédent sont facilement atteints.

La problématique du redoublement est d'abord de nature institutionnelle. De nombreux pays ont renoncé à cette mesure, sans que les rendements scolaires ne souffrent de cette suppression (Crahay, 1996). La Suède, par exemple, ne note plus les élèves avant 12 ans et a renoncé au redoublement. Or, « 92% des jeunes atteignent le niveau du baccalauréat et le taux de diplômés supérieurs est de 30% parmi les 30-34 ans (...). Quelle que soit la filière choisie, les Suédois arrivent en tête selon une étude qu'a publiée l'Association internationale pour l'évaluation des connaissances scolaires. » (OCDE, 1997, in *Résonances*, juin 1999)

Mais alors, si les enfants ne redoublent plus, que font-ils à la place ? Et bien, ils sont promus ! Et ils bénéficient de la mise en place d'un programme adapté. C'est ici qu'intervient le *mapi*.

Notons entre parenthèses que c'est au *mapi* d'assumer la mise en place du programme adapté et de s'assurer de la faisabilité de la démarche auprès du titulaire qui accueille l'enfant. On ne peut pas surcharger indéfiniment le travail — déjà tellement difficile — de l'enseignant régulier. Le programme adapté doit donc être « gérable » par le titulaire sans que celui-ci s'épuise : c'est un critère essentiel à la réussite de la démarche. Le projet doit bien évidemment être élaboré en partenariat avec le titulaire, mais le *mapi* assumera toute la préparation du matériel nécessaire à la concrétisation du projet.

Ces trois dernières années, j'ai suivi huit élèves bénéficiant d'une promotion avec programme adapté. Lors du bilan de fin d'année, j'ai donc posé huit fois, aux différents titulaires concernés, les deux questions suivantes : « L'organisation de la différenciation vous a-t-elle posé d'importantes difficultés ? La surcharge de travail vous paraît-elle importante ? ». À chaque fois, la réponse m'a encouragé à poursuivre ces expériences de promotion et d'adaptation du programme : pour le titulaire, la gestion est tout à fait possible et l'investissement raisonnable si le *mapi* prépare les grilles d'objectifs du programme adapté et des moyens différenciés.

Pour illustrer très concrètement le dispositif de la promotion avec programme adapté, la situation de Joseph va être présentée maintenant.

> Joseph est un garçon adopté, qui vit en Suisse depuis le printemps 1996. Lors de son arrivée dans notre pays, il est intégré dans une classe de 3P pour le deuxième semestre. Il est, à ce moment-là, pris en charge par une enseignante de soutien, spécialisée dans l'accueil des enfants allophones et dans l'apprentissage du français. Joseph redouble la 3P en raison de ses difficultés dans la langue.
>
> En janvier 98, alors qu'il se trouve en 4P, il est signalé en appui pour des difficultés importantes en raisonnement mathématique, en grammaire, en composition et en compréhension de lecture. Les causes de ses problèmes semblent

plus globales et indépendantes des difficultés premières, liées à la maîtrise du français.

Lors du bilan de fin de 4P, le *mapi* constate avec la titulaire que les objectifs ne sont pas du tout atteints par Joseph. Sa moyenne annuelle est de 3.2 en français et de 3.1 en maths. Aux examens de fin d'année, il obtient 3.2 en grammaire-orthographe, 3.8 en vocabulaire et 2.7 en maths. Seuls les objectifs de lecture semblent atteints (moyenne de 4.1 à l'année et 3.7 à l'examen de fin d'année).

Un deuxième redoublement paraît impensable. Un placement en classe d'observation est envisagé par l'enseignante titulaire. Finalement, suite à un bilan effectué avec le Directeur des Écoles et le conseiller pédagogique de l'OES, les enseignants proposent aux parents une promotion en 5P avec programme adapté. Les trois expériences positives de promotion vécues l'année précédente, le soutien des autorités, l'engagement des parents dans la démarche et la bonne intégration de Joseph dans son groupe-classe encouragent les enseignants à tenter l'expérience. Ceux-ci contactent à ce moment-là le maître de 5P pour l'informer de la situation. Celui-ci adhère au projet.

En mai et juin 1998, le *mapi* effectue un bilan précis des acquisitions de Joseph en vue de l'établissement du programme différencié de 5P et définit ensuite les objectifs visés pour la cinquième.

Ces grilles d'objectifs concernent le programme annuel pour l'enfant. Elles définissent les objectifs essentiels et doivent se concentrer sur les seules acquisitions fondamentales du programme. Par exemple, pour Joseph, le programme de lecture se limitait à 4 objectifs pour toute l'année, celui d'orthographe à 5 objectifs. En maths, l'accent a été mis sur la numération, les quatre opérations, le calcul mental, le livret et les mesures.

Un exemple de grille est présenté en annexe 1 (la première page de la grille annuelle de maths de Joseph). Les 10 cases qui suivent chaque objectif permettent une évaluation interactive continue, tout au long de l'année. Toutes les occasions sont bonnes pour pratiquer une évaluation formative : une fiche, un test, un exercice à l'ordinateur, une évaluation en appui, etc. Les 10 cases permettent de couvrir l'année scolaire. La multiplication des V ou des X permet d'évaluer si l'objectif est atteint ou non (la grille telle qu'elle est présentée en annexe 1 correspond à la situation de Joseph aux environs de la période de Carnaval).

Le *mapi* a préparé ensuite, en fonction des objectifs, des classeurs individuels où toutes les fiches du programme de 4P et 5P étaient distribuées dans des répertoires correspondant aux objectifs (même numérotation). Alors que l'enseignant était assez directif au début de l'année dans le choix des fiches et l'utilisation des classeurs, Joseph est devenu rapidement autonome dans cette gestion.

Concrètement, l'élève suivait donc les parties orales des cours avec toute la classe et choisissait ensuite les fiches correspondantes pour les exercices d'application. La différenciation intervenait donc seulement dans les applications.

Le travail de l'enseignant consistait à vérifier si les fiches choisies correspondaient effectivement aux thèmes abordés avec toute la classe et à évaluer la difficulté des exercices en fonction des compétences de l'élève (les fiches de 4P précédaient celles de 5P dans chacun des répertoires).

Quant au travail du *mapi*, il a consisté dans ce projet à mettre en place le dispositif (grilles d'objectifs et classeurs) en début d'année. Ensuite, il a procédé durant toute l'année à des évaluations formatives pour mesurer la progression de l'élève. Il a tenté également de favoriser une familiarisation des chapitres nouveaux du programme de 5P, ce qui permettait à l'élève d'anticiper les difficultés et de développer un sentiment de contrôlabilité.

La communication entre le maître titulaire et le *mapi* s'est faite par les grilles d'objectifs, les classeurs et la fiche « notions en cours de travail » sur laquelle le maître indiquait les chapitres qu'il comptait aborder prochainement dans sa classe.

Le bilan effectué en fin de 5P est très positif : non seulement Joseph a beaucoup progressé, mais il a comblé une partie de son retard. Les objectifs fixés sont presque tous atteints. Comme le titulaire a décidé d'évaluer Joseph durant toute l'année comme les autres élèves — malgré le programme adapté — le barème est le même pour lui. En fin de 5P, Joseph obtient les résultats suivants [2] (les examens et la cotation sont donc identiques au reste de la classe) :

Lecture, expression verbale : 3.8
Grammaire, orthographe : 4.3
Composition, vocabulaire : 4.3
Mathématique : 3.9
Environnement : 4.1

Sa moyenne au 1er groupe (branches principales) passe, en trois semestres, de 3.3 à 3.7 puis à 4.1 en fin de 5P !

Suite à ces progrès spectaculaires, le maître titulaire a demandé de sa propre initiative que le projet se poursuive en 6P. Cette année, Joseph est en 6P et suit normalement le programme. Il ne bénéficie plus d'un programme adapté et suit

2. En Valais, la meilleure note est **6** et la moyenne nécessaire à la promotion est de **4**.

uniquement le cours d'appui deux fois par semaine. L'année prochaine, le titulaire envisage déjà une inscription de Joseph au C.O. en niveau II.

Cet exemple — aux résultats aussi spectaculaires — doit encourager le *mapi* à favoriser la promotion des élèves en échec dans l'enseignement régulier et à renoncer, par conséquent, au redoublement. Le programme adapté peut, semble-t-il, constituer une alternative intéressante à un placement en classe spéciale et est donc susceptible de favoriser la lutte contre l'échec scolaire. L'OES (1998, p. 2) présente d'ailleurs le programme adapté comme une alternative au placement de l'enfant : « Les études réalisées à ce jour convergent vers le bien-fondé du maintien des élèves en difficulté dans le circuit ordinaire de formation. En effet, tant du point de vue de l'efficience des apprentissages scolaires que des chances d'insertion sociale et professionnelle, les résultats des recherches dans le domaine mettent en évidence les bienfaits de la stimulation, du rythme, des exigences et de l'encadrement de la classe ordinaire. (…) Les recommandations concernant la mise en place d'un programme adapté destiné aux enfants en difficulté scolaire importante pourraient ainsi constituer une alternative intéressante au placement des enfants dans les structures spécialisées ».

Les mesures pédagogiques

Avec la réflexion sur la définition des objectifs dans le Plan d'études, puis celle du redoublement, ce sont des mesures qui touchent au fonctionnement même de l'institution scolaire qui ont été présentées. Nous avons vu comment le *mapi* — tout petit qu'il était ! — pouvait néanmoins, par sa pratique, questionner l'école et mettre en place des mesures que j'ai qualifiées d'« institutionnelles ».

Dans ce chapitre seront présentées des mesures de nature « pédagogique ». Ces propositions viseront à modifier le fonctionnement de la classe et la manière dont les enseignants gèrent les apprentissages. Comme le relève Gillig (1998, p. 68), « plus que de pédagogie de soutien, il s'agit là d'une pédagogie plus soutenue ».

Ce qu'il faut questionner en priorité dans l'approche pédagogique du fonctionnement de la classe, c'est la leçon collective et la pédagogie frontale. Comme le relève Golaz Roland, citant Inizan, « l'enseignement frontal, verbal et simultané [est] inévitablement ségrégatif et élitiste : ne parvenant pas à prendre en compte les différences entre les écoliers, il les accroît et les fixe » (1999, p. 15). Autrement dit, il s'agit d'encourager l'évaluation formative et la différenciation qui, manifestement, sont peu compatibles avec une approche magistrale.

Les mesures « pédagogiques » peuvent, en fait, prendre principalement deux formes (Saint-Laurent *et al.*, 1995) :

- **l'assistance directe,** où le *mapi* intervient directement dans la classe et travaille en duo pédagogique avec le titulaire ; le modèle du PIER (programme d'intervention auprès des élèves à risque, Saint-Laurent *et al.*, 1995) sera présenté pour illustrer ce type d'assistance ;
- **l'assistance indirecte,** où le *mapi* n'intervient ni directement auprès de l'élève, ni dans la classe. Le *mapi* joue alors le rôle de conseiller pédagogique. Il travaillera soit sur un thème spécifique avec un enseignant particulier, soit avec un groupe d'enseignants dans le cadre d'un projet de centre. Une expérience d'évaluation formative et de différenciation — où le *mapi* a tenté d'apporter une aide indirecte à un enseignant — illustrera, dans le prochain chapitre, l'assistance indirecte.

Dans une analyse du fonctionnement de l'appui à ses débuts, le DIP (Département de l'Instruction Publique du Canton du Valais, 1991, p. 34) relève explicitement le rôle d'animateur que peut jouer le *mapi* dans un centre scolaire : « Dans la perspective d'aider l'école à mieux s'adapter à l'enfant différent, l'enseignant d'appui a le rôle d'animateur pédagogique de l'établissement scolaire où il travaille. En position d'observateur et d'intervenant dans tous les degrés de la scolarité primaire, il dispose de cet éclairage permettant la mise en évidence des problèmes d'ensemble en vue de leur résolution pour le bon fonctionnement de l'établissement. À cet effet, la formation spécifique de l'enseignant d'appui contribue à développer les moyens de cette réalisation ».

Nous pouvons néanmoins nous demander si le *mapi* ne s'éloigne pas de sa fonction première en devenant « animateur ». La question a été clarifiée plus haut (cf. chapitre 2, p. 24). Précisons donc ici simplement que si l'assistance directe et indirecte du *mapi* permet d'aider très concrètement la petite Sophie et le petit Loïc dans leurs difficultés spécifiques, alors oui, le *mapi* joue parfaitement son rôle. De plus, il permettra alors, en travaillant à la modification des pratiques, de réduire la nécessité de recourir à un appui pédagogique individuel.

Ces mesures « pédagogiques » — dont nous allons maintenant donner quelques exemples — constituent selon l'OES (1993, p. 7) un moyen dynamique d'adaptation de l'école aux différences individuelles : « L'appui pédagogique, sous des formes diverses, deviendrait en priorité un appui au maître afin que sa pédagogie soit aménagée de façon à pouvoir prendre en compte les différences de chacun des élèves ».

Est-il encore utile de préciser, dans le cadre de cette réflexion, que le *mapi* se doit évidemment de participer activement « à tout projet pédagogique individuel ou collectif mis en place dans l'école » (CRFMAIS, 1988, p. 67) et de contribuer infatigablement à leur réalisation ?

« Évaluation formative et pédagogie différenciée avec vingt-quatre élèves ! Tu rêves ! »

L'intérêt d'une évaluation formative et d'une différenciation de la pédagogie est évident pour la plupart des enseignants. Par contre, leur mise en application se heurte à de nombreuses oppositions : effectifs trop chargés, manque de formation à ces pratiques, lourdeur des programmes, manque de temps, etc.

Loin de moi l'idée de vouloir minorer ces difficultés ou taire les problèmes évidents qui gênent la mise en œuvre de la différenciation. Néanmoins, l'expérience présentée maintenant permet de penser que des solutions existent et qu'il est possible de différencier la pédagogie dans nos classes.

L'origine de la réflexion tient à une rencontre avec un enseignant régulier dynamique — M. Bonvin — qui cherchait depuis longtemps comment appliquer dans sa classe le modèle séduisant de l'évaluation formative et de la différenciation.

L'expérience a débuté au printemps 1995 et a débouché sur un modèle que nous avons ensuite proposé à l'ensemble des collègues du centre scolaire. L'expérience a donc été menée dans tous les degrés primaires. La maîtresse enfantine a également travaillé selon l'esprit proposé, en adaptant néanmoins les supports utilisés.

Avant de présenter l'expérience seront définis trois principes qui ont guidé notre réflexion et qui précisent dans quel esprit nous avons travaillé :

- tout d'abord, nous avons accordé une place toute particulière à l'auto-évaluation et à l'auto-régulation et ce, pour deux raisons : premièrement parce qu'elles touchent à l'autonomie et à l'autoresponsabilité, deux finalités essentielles en éducation et ensuite parce que, sans elles, la pédagogie différenciée devient ingérable. Comme le dit Meirieu (1989, p. 177), « toute pédagogie qui ne transfère pas progressivement sur le sujet apprenant la responsabilité de la différenciation se condamne soit à la paralysie — parce que l'analyse des besoins s'avère trop longue et complexe — soit au dressage — parce que cette analyse est possible et génère des dispositifs strictement adaptés au profil de chaque sujet ». De plus, l'autogestion des apprentissages par l'ensemble des élèves permet au maître de mieux cibler ses interventions auprès des élèves en difficulté et de leur consacrer davantage de temps ;

- le deuxième principe relève de la « transparence » et de « l'explicite ». Il s'agit en effet d'informer impérativement les élèves des objectifs poursuivis, de la signification des activités, des moyens et des méthodes utilisés, des critères de réussite, des progrès accomplis. C'est seulement ainsi que les élèves pourront devenir réellement acteurs de leur formation. Relevons également ici le lien étroit qui existe entre l'explicite, la motivation et l'engagement de l'élève dans le projet ;
- enfin, il nous a paru essentiel de ne pas oublier les problèmes d'organisation qui se posent nécessairement, surtout dans la phase de « différenciation simultanée » où se constituent les groupes de niveaux. La gestion de l'espace et du temps de travail ne doit pas être négligée. Les règles de discipline et de fonctionnement de la classe doivent être clairement énoncées : les parcours individuels sont différenciés, mais le règlement de classe est commun et il ne saurait souffrir aucune exception.

Concrètement, nous avons choisi de travailler avec M. Bonvin l'introduction de l'algorithme de la division en 4P. Le projet s'est déroulé sur trois à quatre semaines. Il peut être découpé en six étapes principales :

1. Le maître présente tout d'abord aux élèves la séquence d'enseignement-apprentissage, notamment le thème choisi (l'algorithme de la division), les objectifs, les critères d'évaluation, la méthode, les moyens utilisés et l'évaluation sommative prévue (l'examen). Il informe les élèves de la fonction formative des évaluations et précise que seule l'évaluation finale sera notée. Il distingue également les objectifs-noyaux des objectifs d'approfondissement.

Il établit aussi les règles de fonctionnement strictes en précisant qu'une grande liberté sera laissée aux élèves dans le choix des activités, mais que les exigences sont extrêmement fermes sur le plan du travail effectué, de la discipline et des objectifs d'enseignement.

Les élèves reçoivent ici la grille des objectifs du thème qui leur permettra d'auto-évaluer leur progression durant les trois semaines de travail (annexe 2). Les fiches correspondant aux objectifs sont également mentionnées sur ce document, ce qui permet à l'élève d'organiser lui-même sa progression dans les exercices.

2. Le maître effectue ensuite l'évaluation formative de départ qui « porte sur le thème à venir, ce qui surprend les élèves, mais permet d'appuyer le cours sur des réponses à des questions préalablement posées et de montrer aux élèves, en évaluation sommative, les progrès effectués » (Houssaye, 1993, p. 242). L'évaluation de départ permet également de vérifier la présence des prérequis (livret, soustractions en colonnes, etc.). Précisons que, par souci de transparence, l'évaluation de départ est la même que celle que les élèves effectueront lors de leur examen — il ne s'agit évidemment pas de piéger les élèves. Seuls les nombres ont été modifiés pour l'examen.

3. La première phase de travail proprement dite commence maintenant. Ici, le maître conserve la maîtrise de toute la classe. Cette phase s'organise sous la forme d'une « différenciation successive » (Meirieu, 1989) qui consiste pour le maître à faire varier les situations, les outils, les méthodes, etc., ce qui augmente la probabilité que chaque enfant se sente à l'aise au moins dans une des approches proposées. Il s'agit, autrement dit, de multiplier les voies d'accès aux connaissances.

Concrètement, M. Bonvin a travaillé l'introduction de la division en proposant des activités collectives, en utilisant des supports visuels et auditifs, mais également des tâches individuelles avec certaines fiches autocorrectives. La forme de la situation-problème a aussi été proposée aux élèves. Des ateliers ont également été organisés lors de la deuxième partie du projet. Durant toute cette phase, le maître procède à une évaluation continue et repère déjà les élèves qui présentent des difficultés pour leur apporter une aide plus individuelle.

Un « coin évaluation » (avec examens-types et corrigés) a également été organisé : les élèves, s'ils se sentent prêts, peuvent auto-évaluer leurs compétences dans chaque objectif, à tout moment.

Cette phase de différenciation successive, somme toute assez « classique », a duré environ deux semaines.

4. À la fin de la phase d'apprentissage collective (fin de la deuxième semaine), le maître propose aux élèves une évaluation ponctuelle qui lui permettra de vérifier si certains élèves maîtrisent déjà les objectifs du thème. Il pourra également déterminer quels sont les élèves qui sont en difficulté et doivent par conséquent bénéficier d'une aide plus spécifique. M. Bonvin a alors pu relever que 13 élèves sur 24 avaient déjà atteint tous les objectifs du thème et pouvaient

dorénavant travailler sur les objectifs d'approfondissement. Seuls 4 élèves présentaient à ce moment-là des difficultés importantes.

5. Suite à l'évaluation ponctuelle, le maître organise maintenant sa classe sous la forme de la « différenciation simultanée » (Meirieu, 1989) : les élèves sont répartis maintenant dans des activités différentes, adaptées aux besoins de chacun. La classe est donc réorganisée en groupes de niveaux. Le maître peut par conséquent effectuer les remédiations nécessaires et apporter une aide plus importante aux élèves en difficulté. Par contre, les autres élèves travaillent de manière autonome les objectifs d'approfondissement. Le maître a consacré environ une semaine à cette étape.

6. L'évaluation sommative peut maintenant se réaliser : comme tous les élèves ont atteint les objectifs fondamentaux, le maître peut donc faire passer l'examen à sa classe. Cette dernière évaluation correspond strictement aux objectifs prévus et communiqués aux élèves. Ceux-ci peuvent donc mesurer maintenant leur progression en comparant leur résultat avec l'évaluation formative de départ.

Le bilan effectué après cette expérience a été qualifié de « globalement très satisfaisant » par l'enseignant titulaire. M. Bonvin apporte également les précisions suivantes :

- le « coin évaluation » — qui permettait aux élèves d'évaluer, quand ils le désiraient, les 3 objectifs-noyaux — a été particulièrement apprécié ;
- les problèmes de discipline ne se sont pas posés, la motivation étant très forte pendant les 3 semaines ;
- le thème étant tout à fait nouveau pour les élèves (« introduction de l'algorithme de la division »), l'évaluation formative de départ aurait dû se limiter uniquement à l'évaluation des prérequis ;
- le maître doit être assez directif, lors d'une première expérience de ce type, dans l'utilisation de la fiche d'auto-évaluation (grille d'objectifs en annexe 2) ; la démarche exige en elle-même un apprentissage.

Lors de l'année 1996-97, le modèle a été appliqué dans tous les degrés primaires du centre scolaire. Plusieurs enseignants du centre scolaire travaillent maintenant de cette manière dans plusieurs domaines. Un enseignant a même élaboré son programme annuel dans toutes les branches principales selon ce modèle.

Néanmoins, cette expérience appelle un commentaire qui touche aux finalités mêmes de l'enseignement. En fait, il s'agirait maintenant de profiter de la dynamique créée dans notre centre scolaire pour généraliser la pratique de la différenciation à l'ensemble du programme et de permettre ainsi à tous les élèves de réussir. Or, comme le relève Davaud (in Allal *et al.*, 1993, p. 25), il y a « incompatibilité fonctionnelle » entre notre système sélectif (exigence sociale) et l'idéal de différenciation qui permettrait à tous les élèves de s'approprier les connaissances scolaires (discours pédagogique). Il s'agira donc à l'avenir de tenter de résoudre ce paradoxe et de concilier exigence de sélection et pédagogie de la réussite.

Dans ce projet, le *mapi* a proposé une « assistance indirecte » à ses collègues. Il n'est intervenu ni directement auprès des élèves, ni dans les classes. Il a d'abord travaillé sur un thème spécifique avec un enseignant particulier et a ensuite proposé le modèle aux enseignants du centre scolaire. Il a donc encouragé ses collègues à modifier le fonctionnement de leur classe et à faire un pas vers une évaluation formative et une différenciation de la pédagogie.

Le programme d'intervention auprès des élèves à risque (PIER)

Le chapitre précédent a permis de mieux comprendre le rôle que le *mapi* pouvait jouer dans « l'assistance indirecte ». Le modèle abordé ici — le PIER — présente une modalité d'intervention qui correspond à « l'assistance directe » : le *mapi* intervient directement dans la classe et travaille en duo pédagogique avec le titulaire.

Le PIER est un modèle d'intervention qui permet à la fois un travail du *mapi* aux trois niveaux présentés dans ce chapitre (institutionnel, pédagogique et individuel). Ce programme a été développé au Québec par un groupe de chercheurs et d'enseignants (Saint-Laurent *et al.*, 1995).

L'originalité de cette approche est de tenter de prévenir l'échec scolaire en s'occupant des élèves à risque et non seulement des élèves en échec. Tous les élèves peuvent ainsi profiter de la collaboration des deux enseignants et pas uniquement l'élève en échec, comme c'est le cas lorsque l'enseignant d'appui travaille en individuel dans sa salle.

L'intérêt du travail de l'enseignant spécialisé dans la classe est également de permettre à l'enseignant titulaire de prolonger son aide aux élèves à risque quand il est seul dans la classe. Le rôle déterminant de ce dernier est donc à nouveau souligné.

Selon le modèle proposé, l'enseignant spécialisé intervient directement dans la classe environ deux fois par semaine pour des périodes de 45 minutes. Une rencontre hebdomadaire est prévue où les enseignants font un retour sur la semaine écoulée et planifient la semaine suivante.

Les points importants dans le PIER sont l'enseignement des stratégies d'apprentissage, ainsi que l'évaluation formative.

L'expérience suivante — que des enseignants mènent (année scolaire 2000-2001) en lecture dans une classe de 2P — permettra de mieux comprendre le PIER.

Le projet a débuté en mai 1998 par un entretien avec la maîtresse de 1P pour une évaluation de la compétence de ses élèves en lecture. L'enseignante a signalé au *mapi* 6 élèves à risque, dont trois enfants en difficulté importante.

Au début de la nouvelle année, le *mapi* a déterminé avec Mme Gard, l'enseignante de 2P, 6 objectifs-noyaux pour l'année (annexe 3). Le choix de ces objectifs est totalement arbitraire, puisque le Plan d'études est très peu précis en ce qui concerne notamment les objectifs de lecture, comme nous l'avons déjà vu.

A partir des objectifs annuels, le *mapi* a élaboré avec la titulaire cinq grilles d'objectifs qui recouvrent l'ensemble du programme de lecture de l'année (annexe 4 : exemple de la grille qui concerne la lecture des consignes).

Chaque élève possède un dossier contenant les grilles d'objectifs et les tests, ce qui permet aux enseignants de vérifier la progression de chaque élève dans ses acquisitions. Les fiches d'exercices sont à sa disposition. Il progresse ainsi selon son rythme propre.

Le *mapi* travaille en principe en classe avec sa collègue durant deux, voire trois périodes de 45 minutes. Les activités se répartissent de manière souple entre Mme Gard et le *mapi*. Les élèves à risque sont pris en charge aussi bien par l'un ou l'autre enseignant.

Au début d'une nouvelle activité (lecture des textes, des consignes ou étude de texte), les deux enseignants réunissent tous les élèves pour présenter les objectifs et donner du sens aux apprentissages. Ils leur expliquent également la démarche prévue dans la nouvelle grille (mise en projet).

Ensuite, ils organisent, selon les besoins, des groupes de niveau pour apporter une aide plus importante aux enfants à risque. Les élèves performants peuvent par contre avancer très rapidement. Par exemple, en ce moment, certains enfants travaillent les premiers objectifs de la série 3 et d'autres élèves, plus rapides, sont déjà dans la série 4.

La titulaire et le *mapi* font régulièrement un bilan des acquisitions de tous les élèves à l'aide des grilles d'objectifs (exemple des consignes — annexe 4) et organisent la remédiation pour les élèves en difficulté et les activités d'approfondissement pour les enfants performants. Le *mapi* garde une fenêtre dans sa grille-horaire pour accueillir ponctuellement les élèves en difficulté en appui individuel : le travail en classe est très intéressant, mais l'aide individuelle en salle d'appui est néanmoins très souvent indispensable et complémentaire au travail en duo.

La collaboration se déroule parfaitement et tous les élèves profitent des compétences des deux enseignants. En fin d'année scolaire 1999-2000, les enseignants ont fait une évaluation des performances des élèves en lecture. Les premiers résultats sont très encourageants, notamment pour les élèves signalés « à risque ». En effet, ces enfants ont tous été promus en 3P. Il est bien entendu trop tôt pour établir un bilan définitif de l'expérience. Néanmoins, on peut déjà affirmer qu'une collaboration plus intensive entre les enseignants spécialisés et les enseignants réguliers dans un souci de prévention est un facteur décisif dans la lutte contre l'échec scolaire.

Pour conclure cette présentation du PIER [3], soulignons deux conditions nécessaires à son implantation :

- la collaboration entre les enseignants concernés est indispensable : il s'agit donc d'instaurer une bonne relation avant d'envisager un projet de ce type ;
- le PIER exige une grande disponibilité de la part de l'enseignant spécialisé. Une limite importante dans l'application du PIER touche donc au nombre de classes dans lesquelles un *mapi* à plein temps peut intervenir. Selon les auteurs mêmes du PIER — et tenant compte de l'organisation propre du Québec — le *mapi* pourrait travailler au maximum avec six à sept classes (Saint-Laurent *et al.*, 1995, p. 280). Ces chiffres paraissent a priori valables aussi chez nous. Le statut des enseignants d'appui actuel ne permet donc pas l'implantation généralisée du PIER, pour le moment.

Cette année, cette expérience vécue en deuxième se poursuit et se développe dans le centre scolaire. La collaboration a été élargie à tous les enseignants du cycle –2 +2 (enfantines, première et deuxième primaire).

3. Cette description du PIER est évidemment très sommaire et risque ainsi de trahir la richesse de ce programme. Par conséquent, le lecteur intéressé lira avec grand intérêt l'excellent ouvrage de Saint-Laurent *et al.* (1995). Des cassettes vidéos accompagnent le livre et permettent de mieux comprendre la démarche proposée.

Les objectifs visés en fin de 2P deviennent ainsi les objectifs du parcours de formation allant de la première enfantine à la fin de la 2P. Les enseignants espèrent ainsi effectuer un meilleur travail préventif de l'échec scolaire et permettre à tous les élèves d'atteindre les objectifs de lecture en 4 ans.

Crahay (1996, p. 300) souligne l'intérêt des cycles d'apprentissage et son lien avec la problématique du redoublement : « Les bénéfices escomptés de cet aménagement du parcours scolaire (enseignement par cycle) semblent évidents : la fréquence des décisions de promotion-doublement est diminuée ».

Cette extension du PIER à l'ensemble du cycle d'apprentissage –2 +2 concerne évidemment aussi les mesures institutionnelles : le découpage de la scolarité en années est une caractéristique majeure du fonctionnement de notre école. On peut donc souligner une nouvelle fois que les mesures institutionnelles, pédagogiques et individuelles sont, dans la pratique, tout à fait imbriquées.

Les mesures d'aide individuelle

Si les mesures « institutionnelles » et « pédagogiques » ont été présentées d'abord, c'est pour casser l'image de l'enfant en échec qui serait l'unique porteur du problème. En effet, l'élève est très souvent rendu responsable de son échec et l'école remet rarement en cause son propre fonctionnement.

Fijalkow (1986, pp. 177-186) pense également qu'il est temps de renoncer à chercher en l'enfant seulement les raisons de ses difficultés. Pour lui, un progrès important dans la compréhension des difficultés d'apprentissage se réalisera « si les recherches adoptent une conception multiplicative, c'est-à-dire partent du principe que le nœud du problème se trouve dans les interactions enfant-école plutôt que dans un terme ou dans l'autre » (*op. cit.*, p. 184).

Dans une réflexion avec un groupe d'étudiantes en pédagogie curative, un enseignant a demandé de noter rapidement sur une feuille trois propositions concrètes de lutte contre l'échec scolaire. Les différentes propositions des étudiantes ont ensuite été classées dans les trois catégories déjà citées : celles qui touchaient aux mesures « institutionnelles », celles qui correspondaient plutôt à une approche « pédagogique » et celles qui proposaient de s'occuper d'abord de l'enfant en difficulté (« aide individuelle »).

Sur 33 propositions, 2 seulement suggéraient un questionnement de l'institution scolaire elle-même, 13 proposaient une réflexion de nature pédagogique et 18 concernaient directement l'aide individuelle à l'enfant.

Ce petit exemple montre que parler d'échec scolaire, c'est souvent parler de l'enfant en échec en lui faisant porter une grande part de responsabilité dans ses difficultés. Comme le relèvent Blanchet et Doudin (1993, p. 6), « la pédagogie compensatoire s'adresse à tous ceux qui s'écartent des normes scolaires et, même si ce n'est pas son intention, elle contribue ainsi à conserver l'organisation scolaire et les normes inchangées. En désignant l'enfant comme l'élément auquel il faut apporter une compensation, elle lui fait porter le poids de l'inadaptation ». Or, ce qui a été montré jusqu'ici, c'est que l'école devait accepter d'assumer un rôle important dans la production de l'échec. Le *mapi* doit donc, comme nous l'avons vu, intervenir à tous les niveaux du fonctionnement de l'école.

Dans ce chapitre, nous aborderons l'aide individuelle que le *mapi* peut apporter à l'enfant en difficulté. En attendant que l'école soit prête à accepter tous les enfants, l'aide individuelle reste absolument indispensable.

D'ailleurs, l'appui individuel a longtemps été le mode de fonctionnement privilégié des *mapis*. Par contre, ces dernières années, une pression évidente s'exerce pour que le *mapi* intervienne dans la classe. Les difficultés liées à une intervention du *mapi* dans la classe ont déjà été soulignées. La solution idéale est probablement de jouer sur les deux tableaux. De toute façon, intervenir « dans » la classe, « sur » la classe ou « hors » de la classe doit rester un moyen et ne doit jamais devenir une fin en soi.

L'aide individuelle en appui

En quoi donc l'aide individuelle en salle d'appui peut-elle se révéler intéressante ?

Signalons tout d'abord que l'efficacité de la prise en charge en appui individuel a été démontrée par plusieurs recherches. Nous y reviendrons à la fin de cet ouvrage.

Ensuite, la prise en charge individuelle permet un échange personnalisé avec l'élève. En phase d'évaluation diagnostique notamment, le travail individuel permet souvent de cerner précisément la cause de la difficulté de l'enfant, ce qui est difficile dans un grand groupe.

De plus, l'utilisation d'un matériel différent peut, dans un premier temps, permettre à l'enfant de montrer des compétences qu'il n'actualise peut-être pas en classe lorsqu'il travaille sur des fiches scolaires. L'utilisation de l'ordinateur est à ce propos souvent très intéressante en appui individuel.

L'enseignement stratégique — qui sera développé plus loin — ne peut s'effectuer sans une évaluation très précise des difficultés de l'enfant. En classe, cette évaluation pointue est très difficile à réaliser. De plus, lorsque le *mapi* envisage l'apprentissage des stratégies avec l'élève, il doit également disposer de conditions favorables : il ne suffit pas d'informer l'élève de ses difficultés et des stratégies efficaces pour y remédier, il faut également organiser le maintien et la généralisation de l'apprentissage des stratégies. Le travail individuel est donc très intéressant dans cette approche cognitive et métacognitive.

Le *mapi* peut également poser un regard différent sur l'enfant lorsqu'il travaille en individuel. S'il travaille dans la classe en collaboration étroite avec le titulaire, il est probable que l'image que le *mapi* se fait de l'enfant soit « parasitée » par l'image que le titulaire, voire les autres enfants, se font de lui. On sait l'influence du contexte social sur l'image de l'enfant et sur ses performances.

Enfin, l'approche systémique a montré le danger de faire partie du système lorsqu'on désire agir sur lui. Une position « méta » est certainement plus facile à tenir si le *mapi* ne travaille pas directement dans la salle de classe.

Dans les deux chapitres suivants seront présentés deux aspects du travail du *mapi* qui paraissent très intéressants en individuel : il s'agit d'abord d'une technique d'évaluation fine des difficultés de l'élève et ensuite de l'intérêt d'une aide individuelle « stratégique ».

« Comment tu as fait, là ? » : la pratique de l'entretien pédagogique

L'aide individuelle n'est possible qu'après une phase d'évaluation diagnostique. Comme le relèvent les auteurs de « Parlons échec » (CRF-MAIS, 1988, p. 40), « il y a à apprendre de l'élève, et de lui seul, quelque chose de la manière dont il n'apprend pas. (...) Si donc on veut l'aider, il faut d'abord comprendre la logique interne de son fonctionnement d'apprentissage, ne serait-ce que pour pouvoir tout simplement lui parler avec une chance d'être entendu. Le simple fait de demander à l'autre :

'apprends-moi comment tu en arrives là' le met en position de sujet, qui s'aperçoit que son interlocuteur s'intéresse à lui, à ce qu'il dit ou émet et non seulement à ce qu'il apprend ou reçoit ».

La plus grande difficulté, lorsque l'enseignant veut apporter une aide individuelle à l'enfant en difficulté, consiste en effet à partir réellement de ce que celui-ci a compris : très souvent, l'enseignant interprète trop rapidement la réponse de l'enfant et lui impose une explication qui ne correspond pas du tout à ses conceptions.

Les techniques de questionnement aident justement l'enseignant à mieux comprendre comment réfléchit l'enfant et quelles stratégies il met en place face à une tâche. Ces informations permettront ensuite au *mapi* d'ajuster son aide aux difficultés de l'enfant et à ce dernier de comprendre pourquoi sa démarche est incorrecte : « C'est qu'il est primordial de savoir ce que l'élève a entendu, même et surtout si son interprétation est erronée, afin de l'inviter à découvrir et formuler la stratégie qu'il a essayé de mettre en place, bien que celle-ci ne se soit pas révélée opérante pour parvenir au but escompté. (…) Ce dialogue devrait aider à l'élucidation de nombreux contresens responsables d'incompréhension ou d'échec. Il devrait notamment faire apparaître le moment du dérapage d'un raisonnement ou d'une technique. Mais surtout il devrait révéler à l'élève la façon dont il aborde une difficulté, quelle sorte de raisonnement il utilise préférentiellement, quels schèmes il met en place et quels barrages il érige pour se défendre quand un nouvel apprentissage lui paraît dangereux. » (CRFMAIS, 1988, p. 12.)

La technique qui sera présentée dans ce chapitre permet justement d'aller chercher l'élève là où il est et de comprendre ce qui l'a amené à produire telle solution à tel problème. Elle permet de mettre en évidence les conceptions de l'enfant, sa démarche mentale et les procédures qu'il utilise. Il s'agit de « l'entretien d'explicitation » de Pierre Vermersch (1994).

Parmi toutes les techniques de questionnement — on peut penser par exemple au « dialogue pédagogique » de La Garanderie (1984) — l'approche de Vermersch semble la plus intéressante et la mieux adaptée à notre pratique de *mapi*. Une petite introduction théorique permettra de poser le cadre, puis des exemples tirés de la pratique seront exposés.

En fait, dans notre travail d'enseignant, la compréhension et l'analyse du fonctionnement mental de l'enfant et des processus utilisés pour réaliser une tâche peuvent s'effectuer par trois moyens (Vermersch, 1994, pp. 20-21) :

- Les **observables,** qui correspondent aux comportements des élèves ; notons ici une règle importante de l'observation : nous ne percevons que ce qui fait sens pour nous et nous ne voyons que ce que nous connaissons déjà.

  Lorsque le biologiste observe une goutte de sang dans un microscope, il peut observer des éléments que le « béotien » ne peut même pas voir. De même, le mapi expérimenté qui écoute un enfant lire pourra évaluer les difficultés de l'enfant, alors qu'un parent moins informé entendra seulement un enfant qui lit.

- Les **traces ou produits,** qui sont des indices matériels (les brouillons, les réponses, etc.) ; ils « supposent nécessairement une interprétation pour faire 'signe' » (*op. cit.*, p. 21).

  L'enseignant qui corrige une dictée peut compter le nombre d'erreurs et interpréter certaines d'entre elles : l'élève qui a oublié « -ent » à la fin du verbe a probablement négligé de vérifier si le sujet était au pluriel.

- Les **verbalisations,** qui sont parfois la seule source d'informations disponible ; c'est à ce niveau que se joue l'entretien d'explicitation ; les verbalisations permettent de faire apparaître les processus mis en jeu par l'enfant dans la réalisation de la tâche.

  Le même enseignant qui demandera à l'enfant comment il a fait pour orthographier le verbe sera peut-être surpris de voir que l'enfant ne sait ni reconnaître un verbe, ni un sujet dans la phrase.

Pour comprendre les représentations de l'enfant, sa démarche, ses réponses, etc., il s'agit de ne négliger aucune de ces trois approches. Néanmoins, le travail sur les observables ou les traces nous tend le piège énoncé plus haut : le risque d'une interprétation incorrecte de l'enseignant. Vermersch (*op. cit.*, p. 24) précise en effet que « chez l'enseignant, on retrouve souvent une surdité à ce que dit l'élève, par un filtrage permanent opéré en fonction de l'aspect normatif ».

Par rapport à d'autres approches du questionnement, la spécificité de l'entretien d'explicitation est de viser la verbalisation de l'action. À partir des informations sur le déroulement de l'action, il est possible de faire des inférences très sûres sur les buts effectifs poursuivis par l'enfant. Il s'agit donc de savoir canaliser le sujet vers la description du procédural (la procédure qu'il a utilisée).

Une des conditions essentielles du questionnement d'explicitation est qu'il porte bien sur une tâche réelle et spécifiée. Lorsque la parole n'est pas reliée à la situation de référence, elle n'apporte la plupart du temps que des informations imprécises, générales, souvent très pauvres. Le fait que l'interviewé soit dans cette position de « parole incarnée » est une des conditions fondamentales de l'accès aux informations relatives au vécu de l'action.

Il s'agit donc de mettre en évidence le déroulement de l'action. Les principes du questionnement descriptif sont les suivants (*op. cit.*, pp. 136-139) :

- encourager la description et **éviter les « pourquoi** ». Ne pas poser des questions qui induisent des réponses de l'ordre du déjà conceptualisé. Si le *mapi* ne renonce pas aux « pourquoi », l'élève va essayer de donner une explication de l'ordre des justifications, des excuses, des rationalisations, des jugements ;
- privilégier l'expression des « quoi », « qu'est-ce que », « où », « quand », **« comment »**. Il s'agit donc de formuler des questions qui induiront une réponse ponctuelle et descriptive. Je vais demander à l'élève de décrire ce qu'il fait : que fait-il quand il fait cette chose ? Comment le fait-il ? Le questionnement descriptif est là pour documenter le détail de l'action effectuée, jusqu'à être suffisamment bien informé pour comprendre la logique de l'élève dans la production de la réponse.

Aucun observateur ne peut observer les processus cognitifs. Ce qu'il observera, ce sont des actions, des traces, des verbalisations à partir desquelles il peut formuler des inférences sur les processus. Par conséquent, le questionnement porte bien sur les actions du sujet et non pas sur les processus.

Une solution efficace est de procéder à un diagnostic qui commence toujours par le début de l'action « qu'as-tu fait en premier ? », puis d'aider l'enfant à « dérouler » le film des actions qu'il a effectuées : « qu'as-tu fait ensuite ? comment as-tu identifié le problème ? comment savais-tu que c'était terminé ? ».

Quelques exemples vont nous permettre de comprendre maintenant comment le *mapi* peut pratiquer l'entretien pédagogique avec ses élèves et de voir l'intérêt de la démarche proposée. La situation suivante présente un entretien pédagogique entre un *mapi* et une élève de troisième primaire :

Marthe est signalée en appui pour des difficultés en mathématiques. Le *mapi* lui soumet un test, sous la forme d'un QCM, qui propose 21 petits exercices abordant la plupart des domaines du programme de 3P (numération, opérations, géométrie, etc.).

Les « observables » et les « produits » apportent peu d'informations sur les stratégies de l'élève : dans un questionnaire à choix multiples, l'élève laisse peu de traces de son raisonnement sur la feuille et l'observation de l'élève par le *mapi* est également insuffisante pour comprendre les démarches entreprises. Le *mapi* engage donc un entretien pédagogique avec l'élève lorsque celle-ci a terminé son test.

Pour chaque exercice, le *mapi* demande à Marthe de lui expliquer comment elle a trouvé sa réponse. Il renonce donc à interpréter d'emblée les erreurs de l'élève, mais va tenter de comprendre les démarches utilisées et les représentations que l'élève se faisait de la tâche.

EXEMPLE 1 :

Exercice 9 : Claude a 7 ans, Marie a 9 ans. La différence entre leurs âges :

16 ans ❑ 2 ans ❑ 26 ans ❑

Dans 10 ans, la différence entre l'âge de Claude et l'âge de Marie sera :

2 ans ❑ 12 ans ❑ 16 ans ❑

Dans cet exercice, Marthe choisit les deux bonnes réponses (2 ans). Le *mapi* lui demande néanmoins d'expliquer comment elle a trouvé ces 2 réponses.

Pour la première question, Marthe justifie correctement la réponse : « J'ai vu que Marie avait 9 ans, alors elle a 2 ans de plus que Claude ».

Elle explique sa deuxième réponse de la manière suivante : « Alors là, j'ai fait 10 –7 et j'ai trouvé 3, mais comme je ne trouvais pas 3 dans les réponses, j'ai pris 2, c'était le plus proche ».

Manifestement, Marthe n'a pas compris la deuxième partie de l'exercice. Elle a simplement pris les deux nombres 10 et 7 — qu'elle a interprétés comme étant les âges de Claude — et a calculé la différence d'âge de Claude à deux moments de sa vie. La donnée n'a pas été correctement interprétée et le résultat n'a pas de sens.

Cet exemple est intéressant, parce qu'il nous montre qu'une réponse peut être correcte, alors que la démarche est fausse. Dans les QCM, cette difficulté est manifeste. Le *mapi* aura donc intérêt à interroger également l'enfant sur les procédures qu'il utilise lorsque ses réponses sont correctes.

EXEMPLE 2 :

Exercice 16 : 25 + 3 + 2 ? 29

A la place du ?, quel signe ?

> ❑ = ❑ < ❑

Marthe choisit le troisième signe. La tentation est grande pour le *mapi* d'interpréter tout de suite cette erreur comme étant due à une méconnaissance des signes < et >, erreur classique avec des élèves de cet âge-là. Il demande néanmoins à Marthe d'expliquer ce qu'elle a fait pour trouver la réponse. Bien lui en prit ! Marthe lui explique qu'elle a d'abord effectué l'addition 25+3+2 et qu'elle a trouvé …(là, elle s'arrête et calcule à nouveau)… 30 ! « Alors, je me suis trompée, avant j'avais trouvé 28 ». Marthe corrige donc sa réponse sans l'intervention du *mapi*.

Ici, l'explication fournie par Marthe a permis de comprendre l'erreur de l'enfant et d'éviter ainsi de lui donner trop rapidement une explication inutile sur la signification des signes < et >, ce que probablement le *mapi* aurait fait spontanément.

De plus, Marthe a pu corriger toute seule son erreur et prendre conscience, avec l'aide du *mapi*, qu'elle avait travaillé trop rapidement.

EXEMPLE 3 :

Exercice 17 :

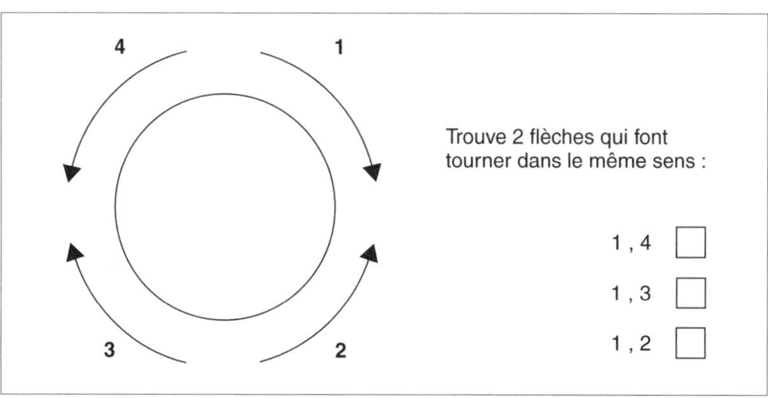

L'élève choisit cette fois la première solution (1,4). Lorsque le *mapi* lui demande comment elle a trouvé la réponse, Marthe explique que le cercle représente la terre et que « l'on peut aller du Pôle Nord au Pôle Sud en partant dans la direction du 1 ou dans la direction du 4 » ; l'élève a donc choisi la première réponse, « comme ça, on va dans le même sens ».

Le *mapi* aurait pu, ici aussi, se lancer dans une explication — qui n'aurait convaincu que lui ! — permettant de justifier la deuxième réponse (1,3) en comparant le cercle au bouton d'une stéréo. Or, Marthe avait la représentation d'un globe terrestre en voyant le cercle. Elle ne pouvait donc pas entrer dans le raisonnement du *mapi*. De plus, Marthe manifeste dans cet exemple une pensée divergente très intéressante — que le *mapi* a préféré encourager en admettant son explication… et sa réponse !

Exemple 4

Exercice 20 :

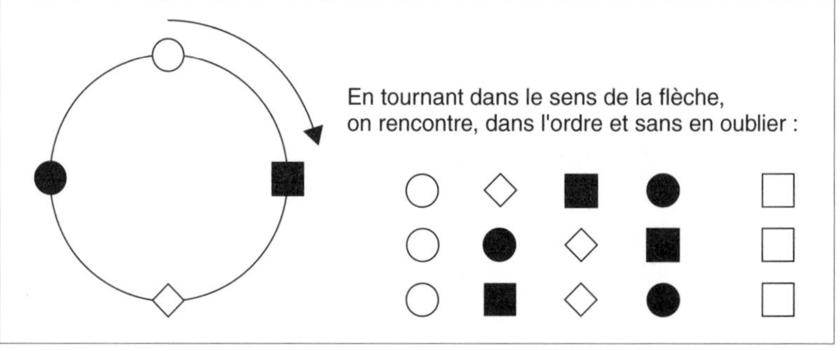

Dans cet exercice, Marthe choisit la deuxième solution proposée. Une nouvelle fois, le *mapi* ne comprend pas la réponse de l'élève. Il s'engage à nouveau dans un petit « entretien pédagogique » et obtient à nouveau une explication inattendue, mais cohérente : « Alors, j'ai vu qu'en partant du rond, je vois un carré, puis cette forme (elle montre le carré blanc), le rond noir et le rond blanc ». Le *mapi* ne comprend toujours pas. Il insiste donc : « C'est juste, mais explique-moi encore comment tu as choisi cette réponse » (il montre la deuxième solution). Marthe pointe alors son doigt sur la deuxième ligne en partant de la droite ! « Je vois un carré, cette forme, le rond noir et le rond blanc… Alors, c'est juste ! ». Marthe a lu la réponse de droite à gauche et a donc choisi logiquement la deuxième solution ! Le *mapi* a admis son explication et sa réponse, comme dans l'exemple précédent.

Ce dialogue a mis en évidence la cohérence de la démarche de Marthe. Très souvent, l'erreur de l'enfant est le résultat d'une élaboration complexe et cohérente de sa part. Le *mapi* veillera donc à considérer l'erreur de l'élève avec beaucoup de respect. La notion de « faute » — à forte connotation morale — est à proscrire : si l'enseignant met systématiquement en évidence la démarche de l'élève, il considérera son erreur comme une richesse pédagogique à exploiter. « Au fond, et c'est sans doute le rôle le plus important du soutien, il confirme à l'enfant 'bête' l'intelligence de sa recherche et l'affirmation de son propre pouvoir de penser » (CRFMAIS, 1988, p. 98). Ce n'est que lorsque le *mapi* aura compris la représentation que l'élève se fait de la tâche, qu'il pourra proposer une explication à l'enfant. Mais si le *mapi* impose d'emblée à l'élève une explication sur l'utilisation d'un bouton de stéréo, alors que l'enfant se trouve au Pôle Nord, sa solution risque bien « de le refroidir » !

Le *mapi* a analysé ainsi avec Marthe l'ensemble des exercices du test. L'entretien pédagogique lui a permis de modifier complètement l'image qu'il se faisait des difficultés de l'élève. En effet, s'il s'était contenté de simplement corriger le test, il aurait conclu à des difficultés importantes en mathématiques (en appliquant strictement le barème, Marthe obtient 10 points sur 21 à ce test). Grâce à l'entretien pédagogique, le *mapi* a constaté que, dans 6 exercices, l'élève avait les compétences mathématiques requises (elle obtient donc 16/21 en maths). Par contre, son attitude face à la tâche est souvent inadaptée : Marthe présente une forte impulsivité qui lui fait commettre de nombreuses erreurs. De plus, comme elle jouit d'une pensée divergente, elle apporte des réponses inattendues — bien que cohérentes — qui la pénalisent dans les tests. L'entretien pédagogique a donc permis au *mapi* et à l'élève de mieux « s'informer » sur les difficultés de Marthe.

En fait, l'entretien d'explicitation poursuit trois buts principaux (Vermersch, 1994, pp. 26-29) :

1. **aider l'enseignant à s'informer** : l'obtention d'informations permet à l'enseignant de développer une action pédagogique mieux adaptée;
2. **aider l'élève à s'auto-informer** (retour réflexif) : prise de conscience du fait qu'il y a une démarche, qu'il est possible de la connaître, qu'elle peut être partagée par la parole, qu'elle n'est pas la même chez chacun, qu'elle est source d'erreurs et qu'elle peut se perfectionner. Il s'agit d'une médiation pour aider l'élève à faire l'expérience du fonctionnement de sa propre pensée;
3. **apprendre à l'élève à s'auto-informer** : ce but touche au fonctionnement métacognitif et au concept d'apprendre à apprendre.

En résumé, l'objectif de l'entretien pédagogique est d'aider l'élève à formuler dans son propre langage le contenu, la structure de ses actions et sa pensée privée. « Le questionnement d'explicitation prend donc son sens dans une pédagogie qui fait une place importante à la prise en compte de la démarche propre de l'élève » (*op. cit.*, p. 170). Il permet de comprendre comment l'élève a travaillé, quelles difficultés il a rencontrées dans sa tâche, quelles ressources il a pu exploiter. Il permet par conséquent d'envisager l'aide dont l'élève a besoin et les objectifs à poursuivre avec lui.

Par l'entretien d'explicitation, le *mapi* peut donc comprendre les conceptions de l'élève, ses questions, ses erreurs, ses réponses, etc. et apporter une remédiation différenciée. L'entretien pédagogique est par conséquent un puissant instrument d'évaluation formative et de différenciation.

En conclusion, on peut dire que l'entretien d'explicitation est plus simple à faire qu'à dire ! La lecture des ouvrages de Vermersch (1994) et Vermersch et Maurel (1997) paraît indispensable si l'on désire utiliser cette technique dans toute sa richesse. Des formations à l'entretien d'explicitation sont également proposées par Vermersch et ses collaborateurs.

« Comment tu peux faire, là ? » : la pratique de « l'enseignement stratégique »

«Apprendre à apprendre » ! Le slogan vieillit, mais ne prend malheureusement aucune ride ! À le déclamer sans le pratiquer, il prend de l'âge sans se fatiguer.

Or, la lutte contre l'échec scolaire se passe ici d'un atout important : toutes les recherches actuelles sur le travail métacognitif « arrivent à la conclusion que des performances scolaires élevées sont associées à des compétences métacognitives efficaces » (Doudin et Martin, 1992).

Autrement dit, l'enseignement des stratégies aux élèves et la prise de conscience des démarches efficaces jouent un rôle primordial dans la lutte contre l'échec scolaire. Alors que les élèves performants utilisent spontanément des procédures efficaces, les élèves en difficulté doivent les apprendre. « Les recherches des dernières années révèlent que les élèves faibles présentent des stratégies cognitives et métacognitives déficientes ou inadéquates. (…) Ayant un répertoire limité de stratégies d'apprentissage et connaissant mal certaines de ces stratégies, les élèves à risque ont tendance à compenser en surutilisant celles qui leur sont plus familières. » (Saint-Laurent *et al.*, 1995, p. 32)

Or, les conduites intelligentes s'apprennent et doivent donc être enseignées. En effet, les recherches ont mis en évidence que les stratégies, les procédures, les processus mêmes de pensée s'acquièrent par l'éducation. Les expériences que vivent les enfants, notamment les interactions avec le milieu familial ou scolaire, développent les performances intellectuelles. Le rôle des médiateurs — parents, enseignants — est, à ce propos, déterminant. Ce sont eux qui permettent à l'enfant de donner du sens à ce qu'il vit et de mieux maîtriser son environnement. Ils peuvent donc favoriser l'émergence de conduites « plus intelligentes », mieux adaptées aux exigences de la situation.

Pour l'élève en échec, la difficulté principale se trouve justement dans la non-explicitation des démarches. Contrairement aux élèves qui réussissent, les enfants en difficulté doivent apprendre les procédures efficaces et les conditions dans lesquelles celles-ci doivent être mises en œuvre. S'ils prennent conscience des processus qu'ils doivent actualiser, ils pourront réaliser correctement leurs tâches scolaires.

Dans la présentation du concept de l'appui, l'OES (1996, p. 1) souligne d'ailleurs l'importance de cette approche en rappelant que l'objectif spécifique de la mesure est de « venir en aide aux enfants ayant des besoins particuliers en leur donnant les outils mentaux nécessaires à l'acquisition du programme de base ». Develay, lors d'une conférence donnée à Sion en 1997, relève également l'importance du travail d'objectivation : « Si 1/3 du temps d'enseignement est consacré aux activités métacognitives, les élèves progressent de 21% dans leurs apprentissages. »

Un autre intérêt de cette approche touche au phénomène de l'attribution causale. Les stratégies d'apprentissage participent de causes internes, stables et contrôlables, ce qui explique leur efficacité dans l'aide aux élèves en difficulté. En effet, l'élève qui maîtrise une stratégie et qui constate son efficacité développe le sentiment de contrôler la tâche, ce qui favorise chez lui un fort sentiment de compétence. Or, souvent, l'élève en difficulté attribue son échec à des causes sur lesquelles il n'a aucune prise (« moi, je n'ai pas la bosse des maths, de toute façon » ou « moi, ma maman, elle me dit toujours que je ne suis pas intelligente »).

L'enfant développe ainsi un sentiment de résignation dû à ses échecs nombreux et répétés et à l'image qu'il se fait de lui-même. Il ne croit plus en lui et en ses capacités à surmonter ses difficultés. Comme le souligne Crahay (1996, p. 219), « il y a résignation apprise ou sentiment d'incapacité acquis lorsque les individus attribuent les événements négatifs qui leur arrivent à des causes internes, stables et incontrôlables ». L'apprentissage des stratégies par l'enfant lui redonne donc du pouvoir sur sa réussite scolaire et favorise par conséquent le sentiment de contrôlabilité. Or, comme le rappelle Tardif (1992, p. 125), « les recherches ont constamment permis d'observer des relations entre la performance des élèves et la perception qu'ils ont d'eux-mêmes comme apprenants ainsi que la perception qu'ils ont de leur pouvoir sur les activités d'apprentissage ».

Avec un groupe d'enseignants spécialisés — sous la direction du Dr Bosco Dias, de l'Université de Fribourg — nous avons élaboré un document permettant justement un travail sur les stratégies. La pratique de l'enseignement stratégique sera illustrée par une activité tirée de ce document.

Pour élaborer cet outil, nous sommes partis des fiches proposées dans le matériel officiel (en français et en mathématiques) et nous avons analysé quels processus les élèves devaient utiliser pour réaliser correctement les exercices. Nous avons analysé ainsi plus de 80 fiches et exercices du programme.

Notre première surprise a été de constater les innombrables difficultés que pouvaient poser à l'élève la plupart des fiches. Comme exemple, il sera proposé maintenant une fiche tirée du programme de vocabulaire de 3P abordant la notion des « mots de sens proche » (annexe 5) et la « grille des processus mentaux » qui l'accompagne et que le *mapi* utilise pour son observation (l'annexe 6 présente la première et dernière page de la grille — qui compte en tout 5 pages).

Si on analyse simplement comment l'élève doit « entrer » dans cette fiche pour la réaliser correctement, on constate notamment que :

- il doit procéder à une lecture globale de la fiche pour comprendre le thème « des mots de sens proche » (titre), le matériel qui est nécessaire (logo du livre ouvert), le nombre d'exercices présentés et repérer les consignes (3 exercices, mais 4 consignes) ;
- il doit lire les deux premières consignes pour réaliser le premier exercice (annexe 5) et garder dans sa mémoire de travail au minimum 5 informations (annexe 6 — exercice 1 — PERCEPTION) ;
- il doit comprendre que l'exercice 2 (annexe 5) n'est pas un nouvel exercice mais la deuxième partie de l'exercice 1 (alors que le troisième exercice est tout à fait indépendant des deux premiers) ;
- il doit comprendre le vocabulaire utilisé dans les consignes et dans les exercices (texte / verbes de sens proche / ôter / vigoureusement, etc.) ;
- etc.

La situation suivante va nous permettre, à partir de cette fiche, de mettre en évidence les difficultés d'un élève dans son attitude face à la tâche et d'envisager une aide « stratégique » adaptée.

Samuel est en 3P. À la fin du premier semestre, il est signalé en appui pour des difficultés globales. Ses résultats sont faibles dans toutes les branches et les maîtresses se demandent comment elles peuvent l'aider.

Le *mapi* propose d'effectuer une évaluation de départ en appui individuel. Il soumet notamment une fiche à Samuel sur « les mots de sens proche » (annexe 5) en lui proposant d'effectuer les exercices tout seul.

Pendant que l'élève travaille, le *mapi* l'observe discrètement et note sur sa « grille des processus » (annexe 6 : Grille des processus mentaux) ses remarques (les « observables »). Par exemple, le *mapi* constate que Samuel ne prend pas son livre de lecture pour réaliser les deux premiers exercices. Il travaille par contre posément et reste concentré sur sa tâche durant toute l'activité.

Lorsque l'élève donne sa fiche au *mapi*, celui-ci constate que Samuel a commis de nombreuses erreurs. Il peut analyser ici le « produit » et peut compléter certains items de sa « grille des processus ». Comme Samuel n'a pas comparé le texte de la fiche avec le texte du livre, les deux premiers exercices sont totalement incorrects. Le *mapi* suppose alors que Samuel n'a pas lu les deux premières consignes… et il se trompe !

Le *mapi* (M) engage maintenant un « entretien pédagogique » avec l'élève (É) :

– (M) Est-ce que tu es d'accord de m'expliquer comment tu as fait cette fiche ?
– (É) Oui, … j'ai souligné les mots dans cet exercice, puis là j'ai écrit et j'ai fait le dernier exercice.
– (M) Explique-moi ce que tu as fait tout au début, quand tu as reçu la fiche.
– (É) J'ai lu ici (il me montre le début de la première consigne).
– (M) Est-ce que tu sais ce que tu as travaillé dans cette fiche ?
– (É) Oui, les verbes.

Dans ce petit dialogue, le mapi constate que Samuel n'a pas observé globalement la fiche : il n'a pas lu le titre, ne sait donc pas à quel thème rattacher ces exercices et ne comprend pas quels apprentissages il va effectuer dans cette fiche. Il pense en effet réaliser une fiche de conjugaison. De plus, il ne voit pas le logo qui lui indique qu'il doit sortir son livre de lecture à la page 58.

Le *mapi* poursuit l'entretien en retournant la fiche. Il veut vérifier si Samuel a compris la consigne du premier exercice, sans lui permettre de la relire.

– (M) Est-ce que tu peux me raconter cette consigne ?
– (É) Oui, c'est marqué qu'il faut souligner les verbes qui sont proches.
– (M) Est-ce que cette consigne te demande autre chose ?

– (É) Non.

– (M) Est-ce que cette consigne parle encore d'autre chose ?

– (É) Non, c'est tout, il faut souligner dessous les verbes qui sont proches.

Samuel a effectivement lu la consigne, comme il l'avait dit au *mapi*. Par contre, il n'a pas évoqué la première partie de la consigne et a compris « les verbes qui sont proches » pour « les verbes de sens proche ».

L'entretien se poursuit ainsi durant quelques minutes et permet d'analyser avec l'enfant sa démarche dans la réalisation de cette fiche. Relevons simplement la fin de l'entretien :

– (M) Est-ce que tu peux me dire ce que tu as appris en faisant cette fiche ?

– (É) Oui, … à souligner.

Ce dialogue a donc permis de « dérouler » avec l'élève tout le « film » de sa démarche. Finalement, lorsque Samuel retourne dans sa classe, le *mapi* peut compléter sa « grille des processus » et a maintenant une idée très claire de la procédure que l'enfant a mise en place face à cette tâche (annexe 6 : Grille des processus mentaux). Le *mapi* émet ici l'hypothèse que Samuel est en difficulté parce qu'il ne comprend pas l'enjeu des tâches qu'on lui propose : il pense travailler « les verbes » alors qu'il réalise une fiche de vocabulaire et dit avoir appris « à souligner » en effectuant ce travail.

Lors des cours d'appui suivants, le *mapi* a pu proposer à Samuel d'autres fiches (grammaire, orthographe, maths, etc.) pour vérifier si les hypothèses qu'il a émises lors de cette première évaluation étaient correctes. Il a constaté qu'effectivement Samuel ne sait jamais ce qu'il fait et pourquoi il le fait. Le *mapi* a donc pu envisager une remédiation ciblée sur cette problématique. Il a montré à l'élève, à partir d'autres fiches de notre document, comment il peut mieux comprendre l'enjeu des exercices en lisant systématiquement le titre et en mobilisant ses compétences dans le domaine abordé dans la fiche.

Par exemple, lorsque Samuel effectue maintenant une fiche d'orthographe, il commence toujours par lire le titre (par exemple « la relation sujet-verbe ») et prend du temps pour expliciter, avec ses propres mots, l'attente liée aux exercices proposés. S'il lit la consigne (par exemple « Choisis le verbe qui convient et écris-le au présent »), il peut établir le lien entre ce qu'on lui demande dans l'exercice et l'enjeu global de la fiche.

Finalement, on peut dire que Samuel a appris une stratégie efficace et a développé des compétences métacognitives indispensables à sa réussite scolaire.

Quand on analyse les procédures utilisées par l'élève, on constate, comme dans l'exemple ci-dessus, des constantes : tel élève est incapable dans toutes les fiches de donner le titre de la fiche — certains élèves sont incapables de dire s'ils ont réalisé une fiche de français ou de maths —, tel autre néglige systématiquement de lire les consignes, celui-ci ne fait aucun lien entre les différents exercices de la fiche, celui-là rend sa fiche en sachant pertinemment que la moitié des réponses sont fausses, etc.

Le document que nous avons élaboré permet donc de mettre en évidence les difficultés de l'élève dans son attitude face à la tâche. La technique de « l'entretien d'explicitation » présentée dans le chapitre précédent est ici d'une grande utilité. Lorsque le *mapi* aura cerné la difficulté de l'enfant, il pourra envisager une aide appropriée. Notre document est donc également utile lors de la phase de remédiation.

Nous verrons plus loin l'importance dans le travail du *mapi* d'évaluer l'attitude de l'élève face à la tâche. Le travail présenté ici permet justement une évaluation assez fine des procédures que l'élève utilise face à une fiche scolaire. Lorsque le *mapi* aura identifié les difficultés « stratégiques » de l'élève, il pourra alors lui apporter une remédiation adaptée.

Notons ici pour terminer que ce travail d'évaluation des stratégies, puis de remédiation, exige une prise en charge individuelle et un apprentissage rigoureux. Il serait en effet tout à fait insuffisant d'informer uniquement l'élève de ses difficultés et des procédures efficaces : la pratique de l'enseignement stratégique demande que le *mapi* veille, comme lors d'apprentissages de connaissances déclaratives, au maintien et à la généralisation des procédures enseignées. Comme le relèvent Huteau *et al.* (1994, p. 12), les sujets en difficulté cessent d'utiliser la stratégie apprise dès qu'ils n'y sont plus encouragés et « leurs performances retournent à leur niveau initial ».

Pour lutter contre l'échec scolaire, le *mapi* devra donc veiller à enseigner à ses élèves des stratégies, des procédures efficaces et pas uniquement des connaissances scolaires. « Les tendances actuelles en adaptation scolaire suggèrent que l'intervention pédagogique avec les élèves en difficulté doit être centrée sur les stratégies cognitives et métacognitives. (…) Les recherches démontrent qu'un élève performant est stratégique dans ses apprentissages, c'est-à-dire qu'il connaît bien les stratégies dont il dispose et qu'il sait dans quelle situation une stratégie est appropriée et dans laquelle elle ne l'est pas. » (Saint-Laurent *et al.*, 1995, p. 33.)

Il s'agit probablement ici de l'approche la plus prometteuse dans l'aide aux élèves en difficulté.

Articuler les modalités

Nous avons vu dans ce chapitre que, pour lutter contre l'échec scolaire, le *mapi* peut intervenir selon trois modalités principales : tout d'abord, il peut intervenir sur le fonctionnement institutionnel en clarifiant les objectifs poursuivis et en renonçant au redoublement ; ensuite, par des mesures pédagogiques, il doit encourager, par son assistance directe ou indirecte, l'évaluation formative et la différenciation de la pédagogie ; enfin, il peut pratiquer l'entretien pédagogique et l'enseignement stratégique dans l'aide individuelle à l'enfant en difficulté.

Si le *mapi* intervient à ces trois niveaux et peut articuler les différentes modalités d'intervention, il gagnera en efficacité. Par contre, s'il consacre tout son temps à modifier le fonctionnement institutionnel, il risque d'oublier que le petit Loïc a besoin de son aide en ce moment et ne peut pas attendre que l'école change. Si, à l'opposé, il travaille uniquement dans le registre de l'aide individuelle, il s'épuisera en constatant que les demandes d'aide se multiplient, que son travail est sans espoir et que, toujours et sans fin, l'école produit de l'échec.

Dans le chapitre suivant sera soulignée l'importance de l'évaluation en appui. La démarche de projet pédagogique sera présentée ensuite. Nous allons ainsi aborder la problématique de l'appui pédagogique sous un angle résolument pragmatique.

Chapitre 4 *L'évaluation dans la démarche d'appui*

Quand les enseignants parlent « d'évaluations », ils pensent d'abord aux « examens », c'est-à-dire à un contrôle final (évaluation sommative) qui permet de valider les compétences des enfants au terme d'un apprentissage.

Dans le cadre du travail du *mapi*, « l'examen » n'a pas de sens. L'appui pédagogique est un processus d'aide et seule l'évaluation formative et formatrice a du sens dans ce contexte. Comme le relève Egan (1987, pp. 46-47), « dans plusieurs modèles d'aide, l'évaluation est présentée comme la dernière étape à franchir. Cependant, une évaluation qui ne se fait qu'à la fin du processus arrive trop tard (...). Le processus d'aide doit être évalué à chaque étape de la démarche, y compris la première. Elle représente un processus continu. »

L'évaluation au départ du processus d'aide est particulièrement importante. Il s'agit en fait d'une évaluation formative de départ — diagnostique puisqu'elle concerne un élève en difficulté — qui permettra de mieux comprendre les problèmes de l'enfant et d'envisager une aide différenciée.

Comme le mentionne un document du DIP de 1991 (p. 323), « avant d'aider un enfant dans son développement personnel, à travers certains apprentissages et dans certaines situations problématiques, il est absolument indispensable de mieux le connaître. Il faut pour ce faire se donner les moyens d'une observation aussi large que possible. À cet effet, les résultats des observations faites en classe (par l'enseignant titulaire et l'enseignant d'appui), en situation d'appui, dans la cour de récréation, à la maison (par l'observation faite par les parents) doivent être mises en commun dans la perspective de rechercher les causes des difficultés, de définir les objectifs et de se donner les moyens d'une action pédagogique aussi efficace que possible. »

Précisons à nouveau ici que l'évaluation doit nécessairement être « globale » dans cette première phase. Le *mapi* ne peut pas envisager une évaluation de départ « spécifique » — qui concernerait uniquement la branche désignée par le titulaire —, au risque de limiter son aide à un rattrapage scolaire qui sera totalement inefficace. Par contre, si l'évaluation « globale » permet de circonscrire la difficulté de l'enfant et de constater qu'un appui « spécifique » est nécessaire et suffisant, alors le *mapi* pourra éventuellement travailler uniquement dans un domaine scolaire précis. L'évaluation « globale » peut donc déboucher soit sur un appui global, soit sur un appui spécifique.

Pour clarifier les différentes étapes de cette phase déterminante d'évaluation formative de départ, on peut envisager la démarche suivante :

1. évaluation globale ;
2. évaluation de l'attitude face à la tâche ;
3. évaluation dans la branche désignée ;
4. choix entre un appui spécifique et un appui global ;
5. interventions ;
6. évaluation formative d'étape et analyse comparative.

Évaluation globale

En général, les élèves en difficulté sont signalés au *mapi* par le titulaire de classe. Souvent, la demande est formulée sur le pas d'une porte, dans le hall de l'école, en salle des maîtres et même parfois... lors de l'apéro du vendredi soir !

Ce premier contact est important, mais toujours insuffisant pour envisager une prise en charge en appui. Il est important parce qu'il montre que le *mapi* est intégré au fonctionnement de l'école et est à tout moment « atteignable » : point n'est besoin de téléphoner dans un office spécialisé ou de prendre un rendez-vous formel pour échanger ses soucis avec le *mapi* (c'est pourquoi il est indispensable que le *mapi* soit toujours présent en salle des maîtres lors des pauses... et au bistrot lors de l'apéro !).

Pourtant, ce premier contact est insuffisant. La situation de l'enfant et de l'enseignant ne peut évidemment pas être comprise par le *mapi* lors d'un contact informel de quelques minutes. « Quand un collègue vient nous voir parce qu'il n'y arrive plus avec un de ses élèves et qu'on prend l'élève, on est dans l'urgence. (...) On ne peut démarrer une rééducation ainsi. Le véritable travail commencera lorsqu'on aura fait face à l'urgence et qu'on pourra analyser avec un peu de sérénité ce qui a amené cette urgence. » (La Monneraye, 1991, p. 108.) C'est pourquoi le *mapi* demandera un rendez-vous à l'enseignant pour une discussion plus approfondie, dans un climat plus favorable.

Lors de ce premier échange, le *mapi* colligera toutes les informations disponibles et demandera au titulaire d'exprimer ses attentes par rapport à l'évaluation et à une éventuelle prise en charge — qui ne se décidera qu'après, et seulement après, la phase d'évaluation. Le *mapi* veillera également à obtenir des informations globales sur l'enfant et non pas seulement — ce que le titulaire présente en général — des informations sur les difficultés scolaires de l'enfant.

Le *mapi* consultera également à ce moment-là les éventuels rapports de signalement ou dossiers de l'élève et les résultats notés obtenus jusqu'ici par l'enfant.

Selon la problématique, une rencontre avec les parents peut également être nécessaire lors de cette première phase. En principe, cet entretien est plus intéressant après la phase d'évaluation, au moment où les difficultés de l'enfant sont mieux appréhendées par les enseignants.

Suit une première rencontre individuelle avec l'enfant. Il paraît fondamental de rencontrer l'enfant dans cette phase d'évaluation globale, d'abord parce qu'il est évidemment le premier concerné et ensuite parce que, finalement, il est le seul à pouvoir nous donner des informations sur ce qu'il vit et sur les raisons de ses difficultés.

Le *mapi* devra, également ici, éviter de focaliser trop rapidement l'observation sur les difficultés scolaires de l'enfant. L'approche, pour l'instant, doit rester globale et toutes les hypothèses ouvertes. Nous verrons plus loin comment mener les premiers entretiens avec l'enfant lors de cette première phase d'évaluation.

Voyons maintenant, à l'aide d'un exemple, les différentes étapes de cette phase d'évaluation formative de départ :

> À la mi-octobre, M. Prêtre, lors d'une pause en salle des maîtres, parle au *mapi* de Christian « qui semble 'perdre pied' depuis quelques semaines ». Le titulaire voit en effet les résultats de Christian chuter et se demande si celui-ci n'est pas en train de perdre confiance en lui. Il souhaiterait que le *mapi* voie l'élève pour une évaluation. Celui-ci propose à M. Prêtre de le rencontrer un soir après la classe pour en parler plus précisément.
>
> Lors de cette rencontre, le *mapi* apprend que Christian montre des difficultés d'organisation et a parfois de la peine à entrer dans une activité. Ses résultats sont insuffisants, aussi bien en français qu'en mathématiques.
>
> Les parents semblent un peu dépassés par les événements, mais s'occupent de l'enfant et sont prêts à collaborer. M. Prêtre leur a déjà demandé de vérifier à la maison si les tâches étaient correctement effectuées.
>
> Le *mapi* soumet également au titulaire une « grille d'analyse du comportement » et apprend alors que Christian est un enfant poli, mais assez secret. En classe, il est bien intégré et respecte tout à fait les règles de la classe. Par contre, il est passif face à la tâche, travaille très lentement et n'est pas très organisé.
>
> À la fin de l'entretien, le *mapi* demande à M. Prêtre comment il envisage son intervention et ce qu'il attend de lui. Il lui demande alors d'évaluer les compétences de l'élève en lecture et en compréhension de consignes. Le *mapi* accueille sa proposition avec intérêt et lui propose de compléter l'évaluation par une observation plus globale de l'attitude de l'enfant face à l'école en général et face à la tâche en particulier.
>
> Le *mapi* demande enfin au titulaire d'avertir les parents et de leur demander l'autorisation d'effectuer une évaluation en appui pédagogique.

Évaluation de l'attitude face à la tâche

L'étape première de l'évaluation globale a permis au *mapi* de recueillir un maximum d'informations et de mieux comprendre les difficultés de l'enfant.

Une deuxième étape — qui s'effectuera en individuel — évaluera l'attitude de l'élève face à une tâche. Cette étape, trop souvent négligée, permet de comprendre comment l'enfant travaille, réfléchit, aborde une fiche, évalue son propre travail, etc. La démarche est donc ici cognitive et métacognitive. L'entretien pédagogique et la pratique de l'enseignement stratégique (chapitre 3) sont particulièrement indiqués dans cette deuxième étape de l'évaluation.

Si l'élève est en échec scolaire, c'est très souvent, comme nous l'avons déjà vu, parce qu'il ne maîtrise pas les procédures efficaces dans ses tâches. Or, le « métier d'élève » — et surtout lorsque ce dernier est évalué en classe — consiste surtout à réaliser des tâches écrites. Si l'enfant n'a pas appris, par exemple, comment on « entre » dans une fiche et comment on lit une consigne, il sera nécessairement en échec.

Le *mapi* tâchera donc d'analyser les procédures, les stratégies, les processus mentaux, etc. que l'élève actualise face à la tâche. Il pourra être intéressant de comparer ici comment l'enfant aborde une fiche scolaire ou une activité ludique. Parfois, l'utilisation d'un matériel scolaire — trop « contaminé » pour l'enfant, qui a associé ses difficultés aux fiches utilisées en classe — ne lui permettra pas de montrer toutes ses potentialités.

C'est également dans cette étape que le *mapi* veillera à faire émerger les représentations de l'enfant dans les tâches qui lui posent problème. Les travaux de Giordan (1998), notamment, ont mis en évidence l'importance pour l'enseignant de comprendre les représentations de l'enfant et de partir de ses conceptions propres si on désire lui apporter une aide adaptée et efficace.

Nous retrouvons maintenant le *mapi* qui va essayer de comprendre l'attitude de Christian face à la tâche :

> Le *mapi* accueille Christian en appui individuel pour une première rencontre. Il se présente tout d'abord et lui explique pourquoi il viendra en appui pour une évaluation. Il l'informe de la durée et du contenu de ces cours d'appui. Il explicite précisément le signalement du titulaire et lui demande s'il est d'accord de travailler avec lui durant quelques séances. La première rencontre est uniquement consacrée à définir la relation et à faire connaissance.

Lors de la seconde séance, le *mapi* propose à l'élève la « grille d'analyse du comportement à l'attention de l'élève ». Christian lui apprend alors qu'il aime bien l'école, son maître et ses camarades de classe. Il semble au clair avec ses difficultés : il dit au *mapi* ne pas se sentir toujours à l'aise face à une tâche écrite et travailler très lentement.

Le *mapi* propose alors à Christian des tâches très variées (jeux de raisonnement, travail à l'ordinateur, fiches scolaires) et l'observe dans son attitude face à la tâche (démarches, stratégies, processus).

Christian semble très à l'aise dans le travail d'objectivation : il analyse très bien ses démarches et prend rapidement conscience des difficultés qu'il rencontre. Il profite beaucoup de l'aide apportée par le *mapi*, lorsqu'il est face à un problème.

Ces évaluations montrent que Christian obtient de très bons résultats lorsqu'il saisit les attentes et quand il comprend la tâche demandée. En revanche, lorsque la tâche est plus difficile, il se sent vite dépassé. Il travaille également très lentement s'il n'est pas encouragé.

Face à une fiche scolaire, Christian ne sait pas comment travailler et ne dispose d'aucune procédure cohérente. Il ne « lit » pas globalement la fiche et comprend difficilement les consignes.

Évaluation dans la branche désignée

Comme nous l'avons vu, le titulaire signale très souvent l'enfant pour un problème lié à une branche scolaire particulière. Le *mapi* complétera donc son évaluation par une analyse plus spécifique des difficultés dans la branche désignée par le titulaire.

Cette étape, qui paraît a priori plus simple à réaliser, demande une connaissance approfondie des difficultés liées à l'apprentissage de chacune des branches du programme. Le *mapi* devra donc être à la fois un spécialiste de l'apprentissage de la lecture, de l'orthographe, de la construction du nombre chez l'enfant, des processus mnémoniques, etc. Comme le relève Vermersch (1994, p. 20), « nous ne percevons que ce pour quoi nous avons déjà une 'théorie' ou, plus modestement, ce qui fait sens pour nous ».

Le *mapi* propose à Christian plusieurs tests de lecture (labyrinthe, closure, analyse des méprises, étude de texte) et lui soumet également des tests de vocabulaire (Christian parle en effet le portugais à la maison).

Christian utilise bien le contexte de l'écrit pour construire le sens de sa lecture. Par contre, il ne réagit pas toujours à la perte de sens lors du test d'analyse des méprises et a un vocabulaire indigent. Ces difficultés pourraient expliquer, en partie, ses problèmes dans la lecture des consignes.

Choix entre un appui spécifique et un appui global

Le *mapi* a, jusqu'ici, recueilli un nombre important d'informations sur l'enfant, ses ressources et ses difficultés. Il s'agit maintenant pour lui d'émettre des hypothèses et de fixer un objectif prioritaire pour le projet.

Comme le relève Egan (1987, p. 43), après la phase d'évaluation, « il importe d'établir certains critères pour déterminer le point auquel il faudra s'attaquer en premier lieu. C'est le moment de la focalisation. »

Cette étape est évidemment essentielle. La problématique est souvent complexe et il est difficile d'être sûr que le choix que les enseignants effectueront ici est le meilleur. Il s'agit donc de poser une hypothèse et de s'engager dans les interventions qui leur permettront de confirmer ou d'infirmer l'hypothèse. Cette phase d'abduction ne doit pas paralyser les enseignants. Au contraire, c'est par la vérification de l'hypothèse dans les interventions que se feront les réajustements du projet.

Le schéma pourrait donc être le suivant :

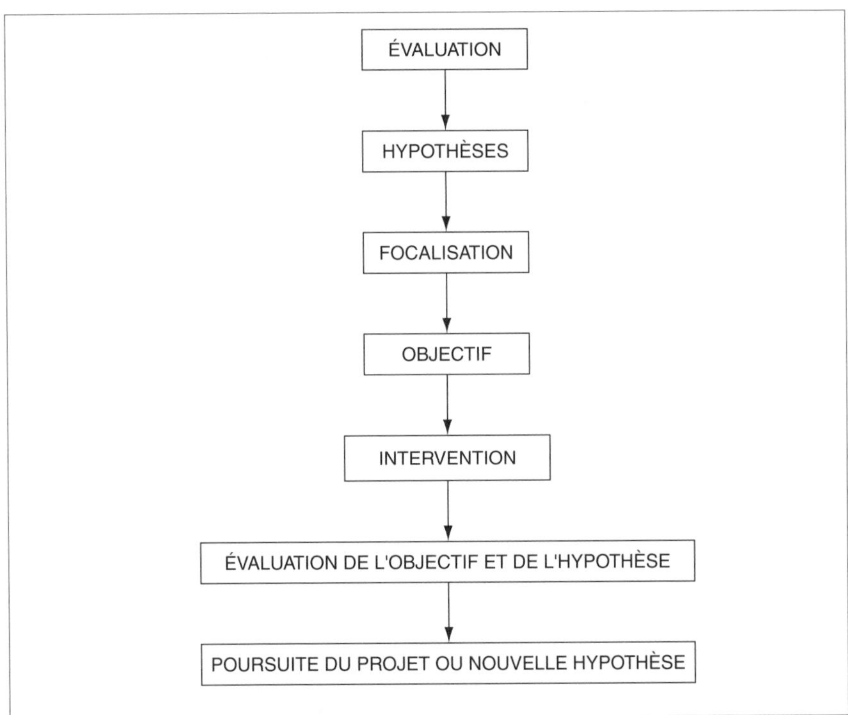

Figure 1 - La focalisation dans la démarche d'évaluation

Précisons encore que l'intervention du *mapi* peut très bien s'arrêter ici. L'intervention du titulaire dans le cadre de la classe est parfois la meilleure solution, comme par exemple lors de problèmes de comportement ou de motivation.

Le mapi rencontre à nouveau M. Prêtre et lui présente les résultats de ses différentes évaluations. Ils décident alors de concentrer leur travail sur la compréhension des consignes, en émettant l'hypothèse que Christian est capable de réussir ses tâches s'il comprend exactement ce qu'on lui demande.

Il est également décidé que le *mapi* travaillera avec l'enfant deux fois par semaine pour l'aider à adopter une procédure efficace face à une tâche écrite : il travaillera avec l'enfant sur la lecture globale de la fiche, sur le repérage, la lecture et la compréhension des consignes, en l'aidant notamment à réagir à la perte de sens dans toutes ses lectures.

Le maître, de son côté, tâchera de vérifier si l'hypothèse émise est correcte et si l'attitude de Christian face à la tâche évolue. Il dispensera l'élève de lectures à voix haute qui le perturbent et ne lui permettent pas d'accéder à la compréhension.

Interventions

Le déroulement du projet et des interventions fera l'objet du chapitre suivant. Précisons simplement ici que pendant toute la durée des interventions, le *mapi* procédera à une « évaluation formative interactive » qui lui permettra constamment de savoir où l'enfant en est dans ses acquisitions et de comparer ses performances actuelles avec les objectifs définis dans le projet.

Évaluation formative d'étape et analyse comparative

Après quelques semaines, voire quelques mois, il est absolument indispensable de s'arrêter et d'envisager une nouvelle phase d'évaluation plus formelle. Le *mapi* pourra alors réutiliser les mêmes outils d'évaluation qu'aux étapes 1 à 3 (évaluation globale, évaluation de l'attitude face à la tâche, évaluation dans la branche désignée), ce qui lui permettra de mesurer les progrès effectués par l'élève et d'envisager soit l'arrêt de la mesure, soit des réajustements, soit enfin, si les résultats sont décevants, la formulation d'une nouvelle hypothèse et le choix de nouveaux moyens.

Cette nouvelle évaluation permettra également au *mapi* de présenter les résultats des interventions à l'enfant, au titulaire, voire aux parents.

Si cette évaluation formative d'étape n'a pas lieu, les enseignants risquent fort de surévaluer ou de sous-évaluer les progrès de l'élève. Le second scénario est évidemment plus fréquent que le premier : les progrès de l'enfant sont souvent importants, mais ses résultats sont toujours inférieurs à ceux de la classe, ce qui laisse penser que l'enfant n'a pas progressé (la faute de Posthumus, toujours !). Si le *mapi* peut s'appuyer alors sur la comparaison entre l'évaluation de départ et l'évaluation d'étape et si, de plus, il peut comparer l'évaluation à un objectif formulé en termes opérationnels, il pourra facilement démontrer les progrès de l'élève et l'efficacité des démarches entreprises par les enseignants.

> Au mois de mars, le *mapi* propose à Christian d'évaluer ses progrès et lui propose d'effectuer les tests de lecture, de lecture de consignes et deux fiches représentatives effectuées lors de l'évaluation de départ.
>
> Les progrès de l'élève sont spectaculaires dans le test d'analyse des méprises : il réagit maintenant systématiquement lorsqu'il perd le sens de sa lecture, alors qu'en octobre il avait commis 14 méprises inacceptables quant au sens dans ce même texte.
>
> Les progrès dans la lecture des consignes semblent par contre plus lents. Dans les fiches de français, les difficultés semblent surmontables pour l'élève. En revanche, les consignes de mathématiques sont beaucoup plus longues et Christian montre encore beaucoup de difficultés dans la compréhension des exercices.
>
> Lors de la rencontre de bilan avec M. Prêtre, il est décidé qu'une nouvelle évaluation plus spécifique est nécessaire — en mathématiques — pour vérifier si les difficultés de l'élève sont dues exclusivement à une lecture des consignes insuffisante ou si les difficultés sont plus directement liées à la branche elle-même.

Les différentes étapes proposées ici sont présentées dans un ordre chronologique, mais elles peuvent évidemment se moduler différemment en fonction de la situation particulière de chaque élève.

Si un chapitre entier a été consacré à la première phase de l'intervention du *mapi*, c'est que l'évaluation formative de départ est l'étape la plus importante en appui pédagogique. Une fois l'hypothèse posée et l'objectif fixé, les interventions posent rarement de grandes difficultés aux enseignants.

Par contre, si ceux-ci négligent cette phase d'évaluation et plongent sans réflexion dans la phase d'intervention, il est probable que l'aide apportée ne correspondra pas à la problématique réelle de l'enfant.

À titre indicatif, on peut consacrer six à dix cours d'appui pour effectuer cette évaluation de départ.

Chapitre 5 *La démarche de projet pédagogique*

L'évaluation tient, dans la démarche de projet pédagogique, une place fondamentale, comme nous venons de le voir. Le présent chapitre permettra de situer cette première phase dans l'ensemble de la démarche en soulignant certains aspects liés à la phase de remédiation. Comme la phase d'évaluation est intégrée au projet pédagogique, il est inévitable que certains éléments du chapitre 4 soient repris et reformulés ici.

La dynamique du projet

Se mettre en projet, c'est créer une tension entre l'état actuel — que la phase d'évaluation nous a permis de mieux appréhender — et un futur envisagé — que les objectifs définis nous aident à imaginer. Le besoin de progresser, d'améliorer nos aptitudes, ne peut se faire en l'absence d'une directionnalité. Il va donc se concrétiser dans des buts et des projets.

Selon Nuttin (1985, p. 203), « ce sont les processus de formation de but et de projets qui représentent cette ligne ascendante du développement ». Le but constitue un résultat attendu qui détermine en fait le projet, les moyens à utiliser et les actes du sujet.

La dynamique de projet tient donc principalement à la définition de buts et d'objectifs. Comme nous l'avons vu plus haut, le choix des buts et la définition des objectifs dépendent des informations recueillies lors de la phase d'évaluation. La recherche d'informations et l'évaluation sont donc à la base de toute intervention pédagogique et de la démarche de projet en particulier.

La démarche de projet en appui pédagogique

La démarche de projet pédagogique constitue le fondement même du travail du *mapi*. Les différentes étapes du projet sont présentées ici chronologiquement, en adaptant la démarche à la spécificité de l'appui. La démarche sera illustrée par une situation concrète.

L'évaluation formative de départ

Elle débute par le premier contact que le *mapi* organise avec le titulaire, les parents, les spécialistes, voire l'enfant, lors du signalement d'une situation difficile. Suite à la clarification de la demande, le *mapi* recueille le maximum d'informations pour comprendre le problème de l'enfant et procède à une évaluation des ressources et difficultés.

Cette première phase a longuement été développée dans le chapitre précédent. Comme le précise Gillig (1998, p. 193), « il s'agit ici de procéder, préalablement à toute intervention, à une évaluation de point de départ, appelée diagnostique, parce qu'elle fournit les informations sur l'état de l'enfant au regard des apprentissages et de la vie à l'école : ce qu'il sait faire, ce qu'il ne sait pas encore faire ».

Monsieur Chaussée, titulaire de 4P, demande au *mapi* un appui pédagogique pour Élodie à la fin du mois d'octobre : les résultats de l'élève en mathématiques ne cessent de baisser depuis le début de la 3P et le titulaire est inquiet, après les premiers résultats de ce début de 4P. Lors du premier entretien avec le *mapi*, il présente Élodie comme une petite fille timide, réservée, très discrète et ne participant pas beaucoup à la vie de la classe. Ses résultats en français sont bons, mais ses difficultés en mathématiques sont importantes en numération et dans le calcul mental. Il précise encore que les parents d'Élodie collaborent et travaillent beaucoup avec leur enfant pour l'aider dans ses difficultés.

Le *mapi* demande à M. Chaussée ses attentes : celui-ci précise alors qu'il désire que le *mapi* effectue une évaluation précise des difficultés d'Élodie en mathématiques, qu'il essaie de comprendre comment raisonne l'enfant et si ses difficultés ne seraient pas dues, en partie tout au moins, à « un peu de paresse ».

Suite à cet entretien, M. Chaussée appelle les parents pour leur demander l'autorisation d'effectuer une évaluation. Le *mapi* prend alors Élodie en appui individuel et détermine les ressources et difficultés de l'élève en lui proposant des tests de maths et des jeux de raisonnement. Il évalue également l'attitude de l'élève face aux différentes tâches proposées. De plus, il interroge Élodie sur les représentations qu'elle se fait de l'école en général, de ses ressources et difficultés, des mathématiques, etc.

La formulation des objectifs du projet

Lorsque le *mapi* est en possession de tous les renseignements nécessaires, il peut formuler les objectifs du projet. « Il va de soi que si l'évaluation diagnostique a été bien menée, elle met en évidence de manière symétrique les compétences nécessaires pour que l'enfant comble ses non-acquis. Ce sont donc les objectifs à poursuivre dans l'aide pédagogique » (Gillig, *op. cit.*, p. 194).

Le choix des objectifs est essentiel. Il devra tenir compte de la situation réelle de l'enfant et focaliser sur un aspect déterminant pour sa réussite. C'est ici que le *mapi* devra s'interroger sur les paradoxes de sa situation (cf. chapitre 2) et effectuer le bon choix. Par exemple, il peut être tenté par une expérience théâtrale ambitieuse qui permettra à l'élève de restaurer sa confiance, alors qu'une approche plus scolaire sur l'apprentissage de l'orthographe porterait des résultats plus probants en termes de réussite scolaire. Le choix entre une aide globale et une aide spécifique intervient donc ici. Le *mapi* doit donc bien évaluer la situation et tenter d'induire le maximum de changement en focalisant sur un objectif déterminant pour la réussite de l'élève.

Lorsqu'il formule ses objectifs, le *mapi* devra impérativement les rédiger en termes opérationnels. « Pour être opérationnels, les objectifs doivent être clairs, précis, réalistes, bien reliés à la situation qui pose problème » (Egan, 1987, p. 49). Il est en effet totalement insuffisant de signaler que l'appui permettra à l'élève « d'améliorer sa compréhension en lecture », par exemple. Evidemment, l'élève va améliorer sa compréhension en lecture si le *mapi* travaille sur cet objectif. Plus intéressante est cependant — pour le *mapi*, le titulaire, et surtout l'élève — une définition précise, en termes de comportements observables, qui permet d'envisager concrètement les attitudes à développer. Pour reprendre l'exemple de la lecture, on pourra demander à l'élève de « s'arrêter dans sa lecture chaque fois qu'il commet une méprise inacceptable quant à la signification et relire le mot mal déchiffré ».

La définition des objectifs en termes opérationnels aura évidemment des implications quant à l'évaluation. Tout d'abord, le *mapi* pourra facilement observer si l'élève manifeste le comportement attendu (« depuis 2 semaines, je n'ai plus entendu de méprises de sens dans ses lectures ») et pourra ainsi en informer l'élève, le titulaire, etc. Ensuite, l'enfant lui-même pourra auto-évaluer ses performances et donc devenir acteur de ses progrès (« là je m'arrête, j'ai lu *le chat s'est blessé à la* batte »). Le titulaire, les parents, s'ils connaissent également l'objectif poursuivi et le comportement attendu, pourront aider efficacement l'enfant et évaluer ses progrès.

> Grâce à l'évaluation formative de départ, le *mapi* a pu déterminer les ressources et les difficultés d'Élodie (annexe 7) : l'élève manifeste un comportement irréprochable en classe et montre une attitude face à la tâche tout à fait adaptée. En mathématiques, elle maîtrise parfaitement le livret (tables de multiplication), les « maisons » jusqu'à 20 et montre de bonnes compétences en raisonnement et en lecture de consignes.
>
> Ses difficultés semblent principalement dues à un manque total de confiance en mathématiques : en classe, elle participe très peu et ne répond jamais aux sollicitations du maître lors des cours de mathématiques. De plus, elle compte beaucoup sur les adultes (le titulaire, les parents, le *mapi*) lorsqu'elle est confrontée à des difficultés dans cette branche. Si elle doute de sa réponse, elle préfère attendre et ne prend jamais le risque de se tromper. Par contre, lorsqu'elle se sait compétente, elle n'éprouve plus aucune difficulté et travaille rapidement et efficacement.
>
> L'évaluation scolaire montre des difficultés liées au vocabulaire mathématique qu'elle maîtrise très mal et à la résolution des problèmes mathématiques (elle ne s'autorise pas un temps d'élaboration et perd ses moyens si elle ne comprend pas la donnée à la première lecture).
>
> Le *mapi* propose donc au titulaire de travailler en priorité sur la confiance en soi dans le domaine des mathématiques. Il formule les objectifs suivants :
>
> **Pour la classe** :
>
> 1. Élodie devra répondre, sans la sollicitation du maître, à une question par jour au minimum, lors des cours de maths.

Pour l'appui individuel :

2. Élodie sera capable de citer les cinq compétences principales qu'elle a montrées lors de l'évaluation formative de départ (le livret, les « maisons », le calcul mental, le raisonnement, la lecture des consignes).
3. Élodie sera capable d'appliquer la méthode de résolution de problèmes proposée en respectant les quatre étapes prévues. En classe, elle sortira spontanément la feuille décrivant cette procédure lors de situation de résolutions de problèmes.
4. Élodie sera capable d'expliquer avec ses propres mots tous les concepts de vocabulaire propres au programme de 4P.

Pour la maison :

5. Élodie sera capable de réaliser ses devoirs de maths sans aucune aide ; le nombre d'erreurs est secondaire : seule compte l'autonomie totale de l'enfant face à ses exercices de maths. Les parents se limiteront donc au contrôle (les exercices sont-ils réalisés ?) et ne vérifieront pas la qualité du travail.

La rédaction du « projet pédagogique individuel »

Il est indispensable, à ce stade, de synthétiser par écrit toutes les informations recueillies et d'écrire les objectifs. La rédaction du « projet pédagogique individuel » est une étape décisive du processus d'aide.

Le document devra mentionner explicitement :

a) Les ressources de l'enfant

Le *mapi* indiquera d'abord les ressources de l'enfant, notamment dans les domaines du comportement, de l'attitude face à la tâche et de la branche désignée.

La description des ressources est indispensable. Elle permet de poser un nouveau regard sur l'enfant qui, souvent, n'est plus perçu qu'à travers ses difficultés et ses lacunes. Le petit Loïc, c'est son 3 de maths ! Or, non, Loïc est un très bon lecteur, il a une attitude tout à fait adaptée face à la tâche et il est drôlement motivé ! La description des ressources permet également de s'appuyer sur les forces de l'enfant pour développer de nouvelles compétences. L'exercice est moins évident qu'il n'y paraît a priori. Très souvent, le *mapi* ne recueille, dans un premier temps, que des informations négatives sur l'enfant. C'est donc à lui de proposer une évaluation plus globale qui permettra de souligner les ressources de l'enfant et d'envisager une nouvelle dynamique. Nous reviendrons plus loin sur le rôle que doit jouer le *mapi* dans sa redéfinition des difficultés de l'enfant. Le « recadrage » proposé par l'approche systémique est ici d'un apport très intéressant. Sur la feuille de « projet pédagogique individuel », le défi pour le *mapi* est de toujours mentionner plus de ressources que de difficultés ! La technique du « recadrage » sera présentée au chapitre 5, p. 95.

b) Les difficultés de l'enfant

La rubrique des difficultés présentera également les domaines du comportement, de l'attitude face à la tâche et de la branche scolaire désignée.

C'est à partir de cette rubrique que les enseignants vont pouvoir focaliser sur l'aspect problématique principal.

Le choix du vocabulaire utilisé ici est important. Le respect que nous devons à l'enfant ne nous autorise pas à mentionner que celui-ci est « peu intelligent », « inadapté » ou « complètement nul en orthographe ». Les étiquettes sont également à proscrire (l'enfant n'est pas « autiste », mais il a des « difficultés de communication ») : on connaît maintenant assez les effets négatifs de l'étiquetage pour se montrer d'une extrême prudence dans les diagnostics que nous sommes appelés à effectuer.

De plus, l'intérêt de ce document est de profiter d'un support de travail commun. Par conséquent, le « projet pédagogique individuel » sera transmis aux partenaires du projet, ce qui devrait nous rendre encore plus prudents.

c) Les objectifs poursuivis

Le document mentionnera enfin les objectifs poursuivis.

Les objectifs ne doivent pas être trop nombreux, c'est pourquoi, lors de la focalisation, les enseignants détermineront les objectifs prioritaires.

Les moyens à mettre en œuvre sont également mentionnés, en prévoyant ceux qui seront en priorité utilisés par le *mapi* et ceux qui concernent le titulaire, voire les parents. Il est parfois nécessaire, dès le départ, de définir la durée de la prise en charge et la date du prochain bilan.

Vous trouverez en annexe un exemple de « projet pédagogique individuel » (annexe 7). La forme importe peu. Par contre, la présence des différentes rubriques est indispensable. Ce document est central dans le travail d'appui. Il permet d'articuler le travail de tous les partenaires et d'évaluer les progrès de l'enfant. Il est l'instrument de base permettant la collaboration de tous les intervenants. Il sera donc diffusé à tous les partenaires concernés par le projet.

Comme le précise le CDDP de la Marne (1994), « le projet individuel, une fois rédigé, a valeur de contrat. Il vaut engagement, pour chaque partie prenante, dont les parents et l'enfant, à le mener à bien » (« Charte pour les enfants en difficulté »).

Le *mapi* rédige maintenant le « projet pédagogique individuel » d'Élodie. Il indique les ressources de l'enfant et ses difficultés sous les rubriques « comportement, attitude face à la tâche et mathématiques ». Il définit les objectifs généraux et les objectifs spécifiques pour les différents partenaires du projet (annexe 7).

Le document est ensuite transmis à M. Chaussée qui le lit et apporte éventuellement des compléments ou des corrections. Les objectifs sont également discutés avec lui.

La prise en charge

Parfois, le travail du *mapi* s'arrête après la rédaction du « projet pédagogique individuel » — mais seulement après ! —, par exemple lorsque le titulaire peut poursuivre les objectifs avec l'élève dans le cadre de la classe, sans l'aide du *mapi*, ou lorsque l'intervention du *mapi* ne permet pas à l'enfant de se prendre en charge (paradoxe de l'aide — chapitre 2 – L'acharnement thérapeutique). Si le *mapi* n'intervient pas directement, il fournira néanmoins au titulaire les moyens permettant une prise en charge dans la classe. Une aide des spécialistes peut également intervenir et remplacer l'intervention du *mapi*.

S'il est par contre décidé une prise en charge, le *mapi* demandera aux parents leur autorisation. En fonction des objectifs poursuivis, une rencontre est parfois nécessaire avant le début des appuis.

Les modalités de la prise en charge dépendent principalement des objectifs fixés. Le travail du *mapi* en classe est parfois indispensable (problèmes de comportement, par exemple). Une prise en charge individuelle est, par contre, presque toujours nécessaire. L'idéal reste évidemment, comme il a déjà été dit, de travailler en classe et en individuel. Dans ce cas, le nombre de cours par semaine est évidemment plus important (au minimum 4 fois 30 minutes par semaine).

L'implication de l'élève dans le projet est indispensable à sa réussite. Le terme de « prise en charge » est à ce propos ambigu. Le *mapi* « ne prend pas en charge » l'enfant, comme le ferait le médecin qui établit un diagnostic et prescrit un médicament. L'élève doit absolument connaître les objectifs poursuivis et les moyens qu'il peut mettre en œuvre pour devenir auteur et acteur de sa réussite. Le malade peut guérir sans rien comprendre à sa maladie et aux raisons de l'efficacité de la thérapie. En pédagogie, le malade meurt, s'il ne devient pas sujet de sa propre thérapie !

Lors de cette phase de prise en charge, l'évaluation est interactive, c'est pourquoi le *mapi* s'informera régulièrement auprès du titulaire des progrès de l'enfant. Des réajustements seront peut-être alors nécessaires.

Pratiquement, le *mapi* organisera son travail grâce à un « journal d'appui » (plan de travail individuel quotidien) dans lequel il indiquera, pour chaque cours, l'objectif poursuivi et les activités prévues. Une troisième colonne, vide, lui permettra de noter toutes ses observations et de procéder ainsi à l'évaluation interactive.

M. Chaussée transmet maintenant un formulaire à l'intention des parents d'Élodie qui doivent accepter formellement l'appui pédagogique pour leur enfant.

Le *mapi* travaille avec Élodie en appui pédagogique individuel, à raison de deux périodes de 45 minutes par semaine. Il s'assure que l'élève connaît parfaitement les objectifs poursuivis et les ressources qu'elle possède en mathématiques (objectif 2). Élodie adhère au projet et s'engage à poursuivre les objectifs avec l'aide des enseignants.

Le *mapi* travaille en parallèle le vocabulaire mathématique (objectif 4) et la méthode de résolution de problèmes à partir du fichier de 4P (objectif 3).

Il rencontre également la mère d'Élodie et l'informe des résultats de l'évaluation de départ grâce au document présentant le « projet pédagogique individuel ». Mme Elmare accueille très favorablement les propositions des enseignants et désire s'impliquer dans le projet. Elle pense qu'une meilleure autonomie d'Élodie dans ses tâches à domicile est également nécessaire dans les devoirs de français.

Le bilan

Après quelques semaines, voire quelques mois (au minimum à la fin de chaque semestre), il est nécessaire de s'arrêter et d'effectuer un bilan plus formel en reprenant la feuille de « projet pédagogique individuel » et en la relisant avec le titulaire.

Les enseignants évalueront à ce moment-là la situation et décideront si la mesure se poursuit — et sous quelle forme — ou si elle ne se justifie plus. Les parents seront informés des décisions prises.

La définition des objectifs en termes opérationnels facilitera beaucoup l'évaluation de l'enfant lors de ce bilan. Comme le souligne Gillig (1998, p. 195), « d'aucuns estiment que c'est la partie la plus ardue d'une démarche de projet. Je soutiens que c'est ce qui est le plus facile, à condition d'avoir déterminé des objectifs précis et de les avoir opérationnalisés ».

De plus, le *mapi* présentera alors au titulaire les évaluations de départ qu'il a soumises à nouveau à l'élève avant le bilan et qui permettront d'évaluer ses progrès (cf. chapitre 4, « évaluation formative d'étape et analyse comparative »).

Le titulaire informera également le *mapi* si les compétences développées en appui se généralisent en classe. « Le rééducateur se doit de confronter son évaluation aux résultats observés par le maître, de manière à mettre en évidence les effets de la rééducation sur la vie de l'enfant à l'école et ses progrès en classe » (Gillig, 1998, p. 209). En effet, si l'élève ne transfert pas ses compétences en classe, lorsqu'il se retrouve sans le *mapi*, l'aide est parfaitement inutile.

> Après quatre mois d'appui, les enseignants se réunissent à nouveau et effectuent un bilan. Les objectifs 1, 2 et 4 sont parfaitement atteints. L'objectif 3 devrait se travailler encore dans le cadre de la classe : Élodie connaît maintenant la procédure de résolution de problèmes, mais ne sort pas spontanément sa feuille de méthode en classe.
>
> Le titulaire a également contacté les parents pour connaître l'évolution du projet à la maison : Élodie ne comprend toujours pas pourquoi sa maman ne désire plus l'aider pour ses tâches à domicile et lui en fait régulièrement le reproche. Le titulaire s'engage à rediscuter avec Élodie le sens du projet prévu pour la maison.
>
> Suite à ce bilan favorable, les enseignants décident, avec l'accord des parents, d'arrêter la mesure d'appui. Le *mapi* informe alors Élodie des bons résultats du bilan et des raisons de l'arrêt de la mesure. Les résultats de fin d'année confirment les bons résultats de l'élève en français et lui permettent d'obtenir la moyenne en mathématiques. Élodie est donc promue sans difficulté en cinquième.

Le schéma suivant (figure 2) permet de synthétiser les étapes principales de la démarche de projet.

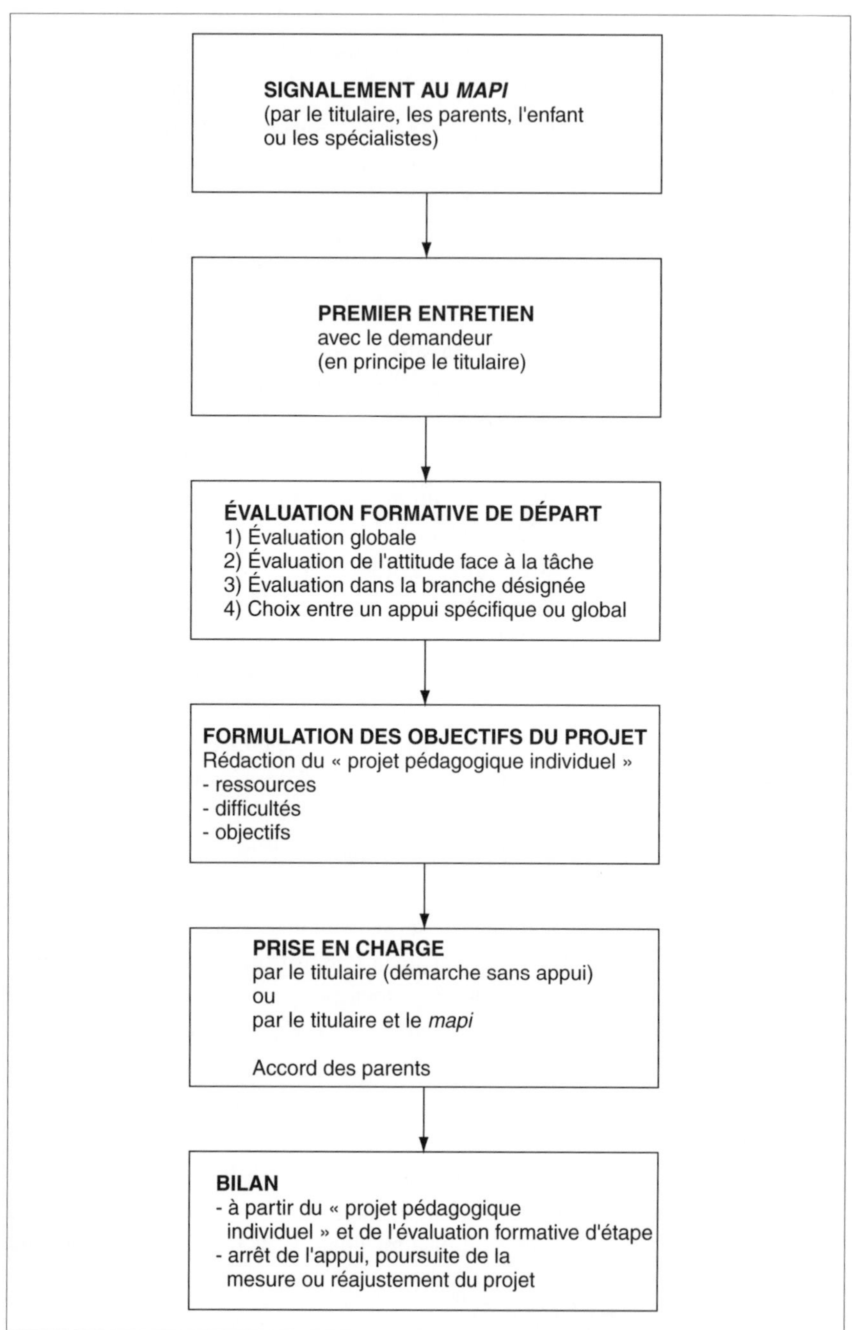

Figure 2 - La démarche de projet.

Le recadrage

Lorsque le *mapi* rédige le « projet pédagogique individuel », il doit toujours penser à la meilleure manière d'activer les ressources de l'enfant et des autres partenaires du projet. Or, très souvent, la situation de l'élève paraît sans solution. Le maître signale l'enfant au *mapi*, parce que lui se trouve dans une impasse. Les solutions de « premier secours » ont déjà été tentées et l'élève est toujours en échec.

Dans ces situations, le recours au *mapi* est un appel à l'aide. Si le *mapi* s'enferme avec le titulaire, l'enfant et la famille dans les problèmes, aucune solution ne sera trouvée. Le *mapi* doit donc découvrir de nouvelles perspectives, ouvrir des portes dont on ne soupçonnait même pas l'existence, donner un peu d'air au système. C'est pourquoi, le *mapi* doit être créatif, résolument optimiste, ouvert à toutes les propositions, précisément celles que personne — ni même lui — ne connaît ! Il doit avant tout faire preuve de pensée divergente. Comme le relève Egan (1987, p. 45), « nombreux sont ceux qui ne réussissent pas à surmonter leurs difficultés ou à mettre leurs possibilités à profit parce qu'ils n'arrivent pas à voir leur situation sous un angle nouveau. (...) Cette impuissance à imaginer des situations différentes des circonstances actuelles contribue dans une large mesure au fait que des personnes demeurent embourbées dans leurs difficultés ».

C'est ici que la technique du « recadrage », proposée par l'approche systémique, est très intéressante. Le recadrage permet en effet de présenter une nouvelle ponctuation de la réalité, de donner un point de vue original, différent de celui partagé par les autres intervenants. Le recadrage introduit une nouvelle perspective, une nouvelle manière d'envisager le problème — qui parfois le fait même disparaître !

Curonici (1999, p. 35) dit que « recadrer, c'est regarder autrement la réalité, c'est modifier la représentation que nous avons de la situation difficile. (...) Le recadrage, le changement de regard, la nouvelle définition du problème que nous recherchons vise alors à nous mettre dans la position de pouvoir imaginer de nouvelles stratégies d'action. Démarche difficile, parce qu'elle implique un changement de logique et de centration ».

Le *mapi* peut évidemment aussi se trouver parfois dans une impasse. S'il sent qu'il s'enferme dans une démarche d'aide stérile, que sa motivation baisse, que l'élève s'épuise, il doit s'arrêter et envisager une autre modalité de travail. Le sentiment de fatigue chez le *mapi* ou chez l'élève est en général un bon indicateur : il est temps alors de procéder à un recadrage qui ouvre de nouvelles perspectives. Comme le relèvent Curonici et Mc Culloch (1999, p. 25), « il est utile d'être particulièrement attentif aux interactions redondantes, aux cercles vicieux dans lesquels on se sent enfermé, à ce qui « tourne en rond » dans la relation avec l'enfant. Identifier ces répétitions, prendre conscience que la solution apportée est en fait devenue une partie du problème, ouvre généralement la voie à des interventions alternatives qui peuvent amener des changements positifs ».

Comme le souligne Theytaz (1990, p. 279), « le regard de l'adulte sur l'enfant est investi d'une puissance de réussite ou d'échec, de vie ou de mort. Il suffit souvent d'une hypothèse favorable lors du diagnostic pour donner l'espoir ». Or, le recadrage permet justement ce retournement de situation qui aide les enseignants à poser un regard neuf sur l'enfant. Il va permettre à celui-ci d'exister à nouveau et de se montrer différent. L'effet Pygmalion qui a déjà été présenté participe de cette problématique.

Les deux petits exemples qui vont suivre permettront certainement de clarifier le propos.

> Jules est signalé en appui en fin de cinquième pour des difficultés croissantes en mathématiques, difficultés qui existent depuis le début de la scolarité de l'enfant, mais qui sont devenues tellement importantes maintenant qu'elles remettent en question la promotion même de l'enfant.
>
> Au début de la sixième, le *mapi* effectue donc une évaluation de l'enfant. Effectivement, Jules a de grandes difficultés en mathématiques, mais son attitude face à cette branche inquiète davantage que ses lacunes : Jules a intériorisé le fait qu'il est « nul en maths » et que le problème est trop important pour espérer trouver une solution à ses difficultés.
>
> Un élément intéressant est apparu lors de l'évaluation de départ : les lacunes de Jules sont en partie dues à un vocabulaire mathématique indigent — ce qui, entre parenthèses, est très souvent le cas chez les enfants en difficultés de maths.
>
> Le mapi décide alors de « recadrer » la situation en expliquant à Jules, à son maître et à ses parents que non, Jules n'a pas de grandes difficultés en maths, mais qu'il a des difficultés en vocabulaire ! L'objectif sera par conséquent tout à fait simple à poursuivre : le mapi allait aider Jules à mémoriser les mots nécessaires à la compréhension des consignes mathématiques.
>
> L'étude du vocabulaire mathématique en appui a évidemment permis de clarifier aussi les concepts connexes : le *mapi* a explicité les notions correspondant aux mots appris et leur utilisation.
>
> Jules a obtenu la moyenne en maths lors du premier semestre de sixième.

Dans ce petit exemple, le recadrage a permis d'envisager les difficultés de l'élève sous un angle nouveau. Celui-ci s'est senti rassuré sur ses compétences et a mobilisé ses ressources — en vocabulaire (français), il n'a jamais eu de problèmes — pour surmonter ses difficultés mathématiques.

> Niméla est une élève qui a également d'énormes difficultés en mathématiques. Le *mapi* la suit en appui pédagogique individuel depuis le début de la troisième primaire. Elle est maintenant à la fin du premier semestre de quatrième et présente toujours les mêmes difficultés malgré sa bonne volonté... et celle du *mapi*.
>
> La situation « tourne en rond », pense le *mapi*, qui perd beaucoup d'énergie, sans résultats ! L'élève perd également confiance en elle : plus le *mapi* tente de l'aider et plus elle se sent incompétente, puisque ses résultats sont très décevants, malgré l'aide proposée par le *mapi*.
>
> Celui-ci décide alors de ne plus proposer à l'élève « toujours plus de la même chose » et d'envisager un recadrage : puisque Niméla est toujours en retard sur le programme, le *mapi* lui propose de prendre de l'avance ! À partir de ce moment-là, il consacre tout le deuxième semestre à travailler le programme de cinquième (Niméla est alors en quatrième).
>
> L'élève, malgré ses résultats catastrophiques en maths 4P, a été promue en cinquième et a obtenu, cette année-là, la moyenne en mathématiques.

Comme le précise Curonici (1999, p. 35), « un recadrage bien réussi paraît la plupart du temps aller à l'encontre du bon sens ». Dans la situation présente, l'élève a pu développer, par ce recadrage, des compétences que ses camarades de classe n'avaient pas en début de cinquième (les codes à virgule ne sont introduits qu'en cinquième, par exemple). Elle s'est donc sentie valorisée — aux yeux des autres et aux siens propres, conséquemment — puisque, pour une fois, elle avait de l'avance sur ses camarades. De plus, elle a retrouvé une forte motivation en quatrième déjà, puisqu'elle savait que nous anticipions sur le programme. Enfin, le travail sur des thèmes mathématiques nouveaux (principalement les codes à virgule) lui a permis de sortir du cercle vicieux où nous nous étions enfermés.

Entre rêve et réalité...

La démarche de projet, telle qu'elle est décrite dans ce chapitre, ne peut pas toujours se réaliser aussi parfaitement. Certaines informations nouvelles obligent parfois le *mapi* à modifier complètement son projet et à réajuster son intervention. Le cadre posé permet néanmoins de planifier les interventions et d'envisager une aide efficace. Comme le relève Egan (1987, p. 40), « le processus de résolution de problème et de développement des ressources n'est pas aussi net, clair et linéaire dans la pratique que dans la description des phases et des étapes que nous donnons ici ».

« La souplesse est une notion clé en relation d'aide » (*op. cit.*, p. 60). Chaque situation est particulière, les solutions *définitives* n'existent *définitivement* pas !

Chapitre 6 *La collaboration dans le travail du* MAPI

On imagine volontiers le *mapi* installé dans une vie érémitique, solitaire, mais néanmoins confortable. Retiré dans sa salle d'appui, perché sur son aire, souvent au dernier étage du bâtiment scolaire, ou plongé dans son antre, au troisième sous-sol, il accueille, en sa grande sagesse, des enfants en difficulté qu'il écoute et qu'il conseille, empathique et recueilli.

En fait, la réalité est tout autre : le *mapi* doit avant tout être séculier, plongé dans le monde et la tourmente. Il doit veiller à ne pas s'éloigner trop du réel en se réfugiant dans une « retraite dorée ». En réalité, très souvent, il se trouve coincé entre les attentes des uns et des autres. C'est pourquoi le *mapi* doit être également un professionnel de la relation et de la communication.

Ce chapitre est donc consacré à un aspect essentiel du travail du *mapi* : la collaboration. Comme le relève le DIP (1991, p. 34), « l'efficacité du rôle de chacun des enseignants tient essentiellement à leurs compétences respectives en communication, domaine clé du processus de l'appui tel que développé dans l'école valaisanne. L'appui pédagogique : communication réussie ».

Le *mapi* devra donc veiller à établir d'emblée une bonne relation avec les partenaires du projet. Lorsqu'il est nouveau dans un centre scolaire, il devra consacrer toute son énergie à installer en priorité un climat favorable qui permettra la collaboration. Il doit être prêt, dans un premier temps, à effectuer de nombreuses concessions et à donner la priorité à la qualité des relations. Comme le souligne Évéquoz (1984, p. 58), « le contexte de collaboration représente le seul cadre qui permette de faire des changements ».

Dans le domaine de la communication humaine et, en particulier, dans celui de la collaboration professionnelle, les occasions sont innombrables d'entrer en conflit et de sacrifier la relation à la défense de nos arguments et de notre position. Le *mapi* doit souvent taire son ego et développer, en priorité, l'écoute et l'empathie.

> Pierrette avait été signalée en appui, au début de la troisième primaire, pour des difficultés mathématiques importantes. Depuis de nombreux mois, le *mapi* avait essayé d'effectuer un travail de fond en numération (numération positionnelle) et en opérations. Les résultats commençaient vraiment à s'améliorer et l'élève reprenait enfin confiance en elle.
>
> Lorsque le *mapi* vit la titulaire pour un bilan, l'entretien permit très rapidement de souligner les progrès importants de l'élève. L'interprétation qu'en fit la titulaire laissa néanmoins le *mapi* dubitatif : elle affirma, avec le plus grand sérieux et ingénument, que « c'est quand même fou les progrès que Pierrette a faits grâce aux cours privés que les parents lui ont offerts depuis trois semaines... ».
>
> Les cours privés en question étaient donnés par une jeune voisine de Pierrette, étudiante au collège et ne bénéficiant d'aucune formation pédagogique !

La situation présentée ici autoriserait évidemment le *mapi* à monter à l'octave et à proposer une tirade dithyrambique sur les vertus de l'appui — et du *mapi* ! — et sur l'impertinence crasse et fate des propos de la titulaire. Respiration yogique, imitation de la tortue et « exercice du tigre apprivoisé » — depuis le chapitre 2, le *mapi* a également lu Akong Rinpoché, « l'Art de dresser le tigre intérieur » ! —, le *mapi* peut donc répondre par une boutade et poursuivre l'entretien et la collaboration de façon tout à fait sereine avec cette collègue.

Précisons donc d'emblée que, lorsque la relation avec les partenaires du projet est mauvaise, le projet ne peut être bon. Un *mapi* susceptible, chatouilleux, colérique ou irascible est un *mapi* mort ! Si le *mapi* ne peut établir une relation authentique et sereine avec ses collègues, les parents, les spécialistes ou l'enfant, il ne peut tout simplement plus travailler. Ou alors il se réfugie dans la retraite dorée de sa salle d'appui, seul avec l'enfant, et poursuit un travail autant inutile que monotone.

Le *mapi* doit être un spécialiste de la communication également parce qu'il est souvent amené à coordonner le travail entre les différents partenaires du projet. Il doit donc veiller à développer des relations de collaboration entre le titulaire, les parents, les spécialistes, etc. Évéquoz (1984, p. 53) précise que « des communications fonctionnelles sont des communications qui permettent aux adultes de collaborer pour le meilleur développement de l'enfant et qui leur permettent également d'accepter la relation que l'autre donne de lui-même et du problème ».

Le principal danger qui guette le *mapi* dans ce rôle de « coordinateur », c'est de se trouver pris dans une situation conflictuelle entre le titulaire et les parents. Dans ce cas, les offres de coalition sont nombreuses, le titulaire et les parents cherchant tour à tour appui auprès du *mapi*. Celui-ci doit alors veiller à ne pas fourbir les armes des uns ou des autres, mais plutôt à écouter les arguments du titulaire et ceux des parents et à jouer un rôle de médiation dans le conflit. Mc Culloch (1999, p. 23) confirme cette fonction du spécialiste qui « peut être de favoriser le dialogue direct entre l'enseignant et les parents lorsque leur collaboration semble difficile. Son travail ne consiste pas à s'allier à une partie contre l'autre (s'allier à l'enseignant contre les parents ou vice versa) ou à faire l'arbitre pour savoir qui a raison et qui a tort, mais de permettre que le point de vue de chacun s'exprime, soit entendu et reconnu par les autres, en évitant les critiques et les disqualifications qui sont si nocives pour l'enfant ».

Si le *mapi* ne réussit pas à restaurer un climat de confiance et de collaboration, il ne pourra pas aider l'enfant en difficulté, qui se trouvera pris dans des conflits de loyauté inextricables : coincé entre les valeurs familiales — qu'il lui faut avant tout protéger — et le projet scolaire — auquel il ne peut échapper —, l'enfant se sentira enfermé dans un étau et choisira souvent de cautionner sa famille et de dévaloriser le travail scolaire.

Dans les situations problématiques, le titulaire et les parents ont en effet tendance à se rejeter la responsabilité des difficultés de l'enfant. « Il n'y a ainsi plus d'accord sur l'évaluation de la situation, sur les solutions envisageables, sur ce que l'on peut attendre de l'enfant, sur ses compétences » (Évéquoz, 1986, p. 47). Le *mapi* n'entrera donc pas dans le jeu des accusations réciproques, mais devra plutôt activer les ressources disponibles et envisager les changements souhaitables. Le « projet pédagogique individuel » est l'instrument permettant justement de prévoir les nouveaux dispositifs d'aide en précisant les ressources de l'enfant, les objectifs visés et les moyens à mettre en œuvre par chacun des partenaires.

Évéquoz (1984, p. 78) relève également le danger des offres implicites de coalition et souligne le risque de présenter le signalement d'une difficulté à une nouvelle personne [ici, le *mapi*] comme « une manœuvre dysfonctionnelle qui a pour but de rechercher une alliance contre une tierce personne impliquée dans le conflit (...). Les mauvaises alliances ou coalitions peuvent alors être définies comme des manœuvres, qui vont dans le sens de trouver une solution personnelle à un conflit, en utilisant parfois des mécanismes de désignation et de marginalisation. En répondant positivement à de telles alliances, le psychologue [pour nous, le *mapi*] compromet définitivement une intervention et contribue à mettre l'enfant dans une position inextricable, renforçant son rôle d'otage ». Par conséquent, la meilleure position du *mapi* pour favoriser le changement « est d'être *méta* et de refuser toutes les alliances contre un ou plusieurs protagonistes (coalitions) » (*ibidem*). « Dans la réponse à la demande, il doit avoir une attitude neutre » (*op. cit.*, p. 79).

Quant au degré d'implication des différents partenaires dans le projet, il est très variable. Certains parents tiennent absolument à contribuer très concrètement au projet pédagogique, alors que d'autres se contentent d'une information sur la situation de l'enfant. De même, l'engagement du titulaire dans la démarche d'aide dépend de la sensibilité de chaque enseignant à la problématique de l'échec scolaire. Mais, comme le souligne Évéquoz (1986, p. 45), il faut absolument « s'efforcer d'entrer en relation avec toutes les personnes susceptibles de collaborer à la résolution du problème de manière qu'elles apportent leur contribution ou tout au moins qu'elles ne bloquent pas les effets que tente de provoquer la prise en charge ».

Avec deux collègues enseignants [1], nous avons élaboré une « grille d'intervention » qui permet de structurer les entretiens avec les différents partenaires du projet et de favoriser ainsi une meilleure collaboration en définissant précisément le rôle et la fonction de chacun (annexe 8). Cette grille peut aussi bien être utilisée avec le titulaire, les parents, l'élève ou les spécialistes. Elle s'organise en deux temps — information et remédiation — et quatre rubriques — informer, s'informer, s'impliquer, impliquer.

Cette grille a l'avantage de permettre de mesurer le degré d'implication des partenaires dans le projet. Le degré 1 de la collaboration (*informer*) consiste à simplement informer le partenaire de la situation telle qu'on la comprend. Le partenaire se contente à ce moment-là de prendre connaissance de la situation de l'enfant.

Le degré 2 (*s'informer*) exige du partenaire qu'il explicite comment lui voit le problème, ce qu'il a déjà fait pour sa résolution et ses attentes pour la suite du projet (Selvini Palazzoli, 1980, p. 90). Le partenaire apporte donc ici des informations et participe à une meilleure compréhension de la problématique.

Le troisième degré (*s'impliquer*) touche aux moyens que le partenaire 1 a mis — ou désire mettre — en œuvre pour la résolution du problème. Il envisage son implication dans le projet et les objectifs qu'il compte poursuivre, et communique ces informations au partenaire 2.

Le degré le plus élevé de la collaboration (*impliquer*) consiste évidemment à impliquer le partenaire 2 dans le projet en fixant avec lui et pour lui des objectifs et des moyens qui l'aideront à participer activement au projet.

Voyons maintenant concrètement, avec un exemple, comment peut s'établir une collaboration entre tous les partenaires du projet et quel est le degré de collaboration atteint lors de chaque phase. La situation présentée ci-dessous a permis un haut degré de collaboration entre le titulaire, les parents, le *mapi* et l'élève.

> Max est un élève de cinquième primaire qui est signalé au début de l'année scolaire pour des difficultés en maths et en lecture. Il est décrit par M. Solla, son maître, comme « un élève intelligent et paresseux, désirant être pris pour un grand et attirer l'attention sur lui ».

1. Christine Favre et Michel Bender, mapis

> Lors du premier entretien formel avec le titulaire, le *mapi* apprend encore que Max a dans la classe un statut privilégié : il fait par exemple des commentaires « d'adulte » sur le fonctionnement de la classe et se propose régulièrement pour aider M. Solla dans le rangement de la classe ou dans le classement de documents. Par contre, Max ne s'engage pas dans ses apprentissages : il est fort civil, respecte les règles de la classe, mais n'apprend rien et effectue ses tâches très lentement et sans aucune motivation.
>
> La relation de Max avec ses camarades est également particulière. Comme c'est un élève apprécié, il s'est arrangé pour que, chaque jour, un élève lui prépare son sac en fin de matinée et réunisse les affaires nécessaires à la réalisation de ses tâches à domicile. Ainsi, Max est surprotégé par ses camarades et jouit d'un statut privilégié dans la classe.
>
> M. Solla informe également le *mapi* que lui-même apporte régulièrement une aide complémentaire à l'élève avant ou après les heures de classe.

Lors de ce premier entretien, la collaboration est de degré 1 pour le *mapi* — qui se contente d'écouter et de comprendre la situation — et pour le titulaire — qui informe le *mapi* de la situation, de la problématique et des solutions qu'il a déjà envisagées.

> Après l'entretien avec le titulaire, le *mapi* décide de convoquer rapidement les parents afin de mieux comprendre la situation et de connaître leur avis sur les difficultés de Max.
>
> Les parents apportent au *mapi* de nombreuses informations importantes. Tout d'abord, ils parlent spontanément des ennuis de santé de Max pendant sa petite enfance et de la relation très forte qui unit la mère et l'enfant depuis cette maladie. Ils expliquent ensuite le parcours scolaire difficile de Max. Ils précisent que leur enfant a toujours bénéficié de l'aide importante des maîtres et maîtresses ; ils sont donc très reconnaissants envers tous ces enseignants — notamment envers M. Solla — qu'ils ont toujours remerciés pour l'aide qu'ils ont apportée à leur enfant.
>
> Les parents précisent encore que, parfois, Max a une attitude déplaisante à la maison et qu'il est impertinent avec sa maman. Les relations avec son petit frère sont également tendues.
>
> Quand le *mapi* leur explique l'attitude de Max en classe, ils ne sont pas surpris d'apprendre que leur enfant jouit d'un statut particulier dans la classe. Ils ne comprennent pas, par contre, pourquoi il ne s'engage pas dans ses apprentissages.

Lors de cet entretien avec les parents, la collaboration atteint le degré 2 de notre « grille d'intervention ». Le climat de confiance qui s'est rapidement installé a permis au *mapi* et aux parents de s'informer et d'informer leur partenaire sans craindre le jugement, voire la disqualification. De plus, les parents apprécient beaucoup le travail de M. Solla — qui lui-même sait qu'il peut compter sur la collaboration des parents. Le *mapi* n'a donc pas à refuser ici des offres de coalition ou à restaurer un climat de confiance entre les partenaires du projet.

> Le *mapi* rencontre alors l'enfant en appui individuel. Il l'informe de la situation, du rôle du *mapi* dans l'école et du signalement de M. Solla. D'emblée, Max se montre tout à fait à l'aise avec le *mapi*, le remercie de l'aide qu'il va lui apporter et s'engage à tout mettre en œuvre pour mieux travailler.
>
> Le *mapi* précise à Max qu'il effectue pour l'instant une évaluation et qu'il décidera ensuite sous quelle forme il l'aiderait.
>
> Le *mapi* consacre les trois premiers cours d'appui à essayer de comprendre comment Max envisage son « métier d'élève » et quelles explications il donne à ses difficultés. Il évalue ensuite son attitude face à la tâche et effectue un bilan plus scolaire des ressources et difficultés de l'élève.
>
> Ces entretiens avec Max et cette évaluation ont permis au *mapi* de confirmer les éléments suivants :
>
> – Max s'attribue un statut d'adulte dans les relations avec les adultes ;
>
> – il attend toujours de l'aide extérieure pour résoudre ses difficultés ;
>
> – il a manifestement toutes les compétences pour réussir sa scolarité.

La collaboration s'est également engagée maintenant avec l'élève. Le degré 4 est très rapidement atteint entre le *mapi* et l'enfant (annexe 8). Max se sent tout à fait à l'aise avec le *mapi*, ce qui a permis aux deux partenaires de s'informer et d'informer, en toute confiance, de la situation telle que chacun la comprend. L'implication dans le projet est désirée par le *mapi* et l'élève et chacun envisage de s'y engager pleinement.

> Le *mapi* a maintenant pu recueillir toutes les informations nécessaires à la rédaction du « projet pédagogique individuel ». Son hypothèse est la suivante : Max « utilise » son échec scolaire pour maintenir son statut particulier et son pouvoir au sein de la famille et de la classe. Manifestement, il existe une confusion de générations dans les relations que Max entretient avec les adultes et ses pairs. « Le fonctionnement camarades-enseignant peut rappeler le fonctionnement enfants-parents ou frères et sœurs, par exemple sous la forme de confusion de générations. » (Blanchard, Casagrande, Mc Culloch, 1994, p. 26.)

Dans la classe, M. Solla a perdu son rôle de « pilote » et tolère Max comme « copilote » (Évéquoz, 1990). En famille, la maladie de Max pendant sa petite enfance a modifié les relations et l'axe affectif a été survalorisé. La relation qu'il entretient avec sa mère participe également d'une confusion de générations.

Le *mapi* « refuse » donc la définition du titulaire et des parents qui désignent Max comme le porteur du problème. Il propose au titulaire et aux parents le recadrage suivant :

- Max a toutes les compétences pour réussir sa scolarité, mais refuse pour le moment de s'engager dans ses apprentissages. Le *mapi* ne poursuivra pas les cours d'appui avec Max après cette phase d'évaluation, au risque de s'enfermer dans le paradoxe de l'aide ;
- le titulaire restaurera une relation complémentaire avec l'élève et évitera absolument de poursuivre un traitement de faveur à son égard. Il encouragera les autres élèves de la classe à ne plus surprotéger Max ;
- le titulaire informera Max des décisions prises : dorénavant, l'élève ne bénéficiera plus de traitements de faveur. Les exigences seront les mêmes pour tous les élèves. Il informera Max des nombreuses ressources mises en évidence par le *mapi* et précisera que, dorénavant, il renverra à l'élève la responsabilité de ses réussites et de ses échecs ;
- les parents sont informés des résultats de l'évaluation et sont prêts également à refuser dorénavant d'attribuer à Max un statut privilégié. Ils recouvreront, à la maison, leur statut de parents et auront dès maintenant les mêmes exigences pour leurs deux enfants. Ils aménageront des périodes où l'axe affectif sera valorisé et exigeront fermement obéissance lorsque cela s'avérera nécessaire (axe normatif) (Lovey et Nanchen, 1993, pp. 15-17).

Suite à l'évaluation de départ, le *mapi* a donc revu le titulaire, les parents et l'enfant pour les informer des résultats, leur proposer l'hypothèse de travail, leur donner des pistes quant à l'implication de chacun des partenaires dans le projet.

Dès lors, la collaboration entre tous les partenaires a atteint le degré 4 de notre grille. En effet, le titulaire, les parents, le *mapi* et l'élève ont donné les informations nécessaires à la compréhension de la situation (informer) et ont reçu les informations de leurs partenaires (s'informer). Ils se sont ensuite tous impliqués dans le projet en activant leurs ressources (s'impliquer) et ont permis l'implication des autres partenaires en leur accordant toute leur confiance (impliquer).

Les enseignants et les parents de Max se sont revus à plusieurs reprises pendant cette année scolaire pour des bilans. Max a vécu une période assez difficile après la phase d'évaluation. Ses repères changeaient manifestement et, même s'il était tout à fait au courant de notre démarche, il est passé par une phase assez sombre de réorganisation de ses relations et de son attitude face à l'école. Mais après cette période de transition, ses résultats se sont progressivement améliorés et il a été promu en sixième.

Actuellement, il vient de terminer le cycle d'orientation avec de bons résultats et envisage de poursuivre des études supérieures.

Dans cet exemple, le *mapi*, après la phase d'évaluation, a coordonné le travail et a permis une collaboration fonctionnelle entre les différents partenaires du projet. Il n'est pas intervenu directement dans la phase de remédiation, mais a centralisé l'information et a redistribué les responsabilités aux différents partenaires.

La collaboration a parfaitement fonctionné grâce à une relation de totale confiance entre le titulaire et les parents. Comme ceux-ci ont confié leurs soucis familiaux et ont souhaité s'impliquer totalement dans la démarche, le projet a même débordé du cadre scolaire et a impliqué des modifications dans les relations que l'enfant entretenait à la maison avec ses parents et son frère.

Bien entendu, les conditions étaient ici idéales. Souvent, la collaboration avec les parents est difficile, voire impossible. L'analyse du degré d'implication des partenaires permet néanmoins de clarifier la collaboration et de s'assurer au moins que les partenaires adhèrent au projet, même si leur implication effective dans la démarche est faible.

Jusqu'ici, l'importance de la collaboration entre les différents partenaires du projet a été soulignée. Les chapitres suivants présenteront la spécificité des relations qui s'établissent entre le *mapi* et le titulaire, le *mapi* et l'enfant et enfin le *mapi* et le spécialiste (logopédiste, psychologue, psychomotricien).

La collaboration *mapi* / titulaire sera développée d'abord, puisque, très souvent, l'élève en difficulté est signalé au *mapi* par le titulaire de classe.

La collaboration *mapi*/titulaire

Comme nous l'avons déjà vu, le travail du *mapi* consiste, dans un premier temps, à installer une relation de confiance avec les titulaires.

Lorsqu'il est tout frais et rutilant ou lorsqu'il est nouveau dans un centre scolaire, le *mapi* se trouve en réalité en phase de « joining », c'est-à-dire dans une phase où le premier contact s'établit et où les différents partenaires évaluent leurs compétences respectives. Cette phase est capitale pour le *mapi*. S'il manque d'expérience professionnelle et se présente d'emblée comme le superman de la pédagogie, il est fort probable que son avenir de *mapi* sera considérablement compromis.

Par contre, s'il peut se définir comme une ressource pour ses collègues et qu'il propose simplement de partager avec eux leurs soucis des élèves en difficulté, il pourra créer un climat de confiance et de collaboration. Le *mapi* ne se présentera donc pas en « sauveur », il ne donnera aucune solution, mais se proposera seulement de chercher ensemble des réponses nouvelles aux problématiques soulevées par les élèves en échec. Si le *mapi* peut déjà trouver avec le titulaire une définition commune de la situation problématique et envisager des solutions nouvelles partagées par les intervenants, il permettra d'envisager des pistes d'interventions intéressantes. Comme le relève Mc Culloch (1999, p. 22), il s'agit de « créer une situation de responsabilité partagée et de favoriser un travail de co-construction dans lequel la collaboration est essentielle ».

Il est évident que le *mapi* ne peut pas travailler convenablement sans le soutien du titulaire. Si le titulaire n'adhère pas aux propositions du *mapi* et si ce dernier impose à l'enseignant des solutions auxquelles le titulaire ne croit pas, l'aide à l'enfant en difficulté sera totalement inefficace. « Dans le travail de co-construction, l'intervenant ne sait pas plus que l'enseignant quelles sont les bonnes solutions. Et il ne sait surtout pas mieux que celui-ci. (...) L'essentiel est que la rencontre des différences aboutisse à une perception nouvelle du problème » (*op. cit.*, p. 23).

Lors de l'évaluation de départ, la collaboration effective commence et il est essentiel alors que le *mapi* soit d'abord empathique, à l'écoute de la problématique soulevée par l'enseignant. Le risque est ici de proposer tout de suite une solution à la difficulté présentée. Or, dans un premier temps, il est déterminant que le titulaire se sente entendu et reconnu dans le problème qu'il évoque. A ce stade, il ne s'agit donc ni de minimiser la difficulté, ni de redéfinir le problème, ni de se proposer de le résoudre à la place du titulaire. Il est par contre important d'offrir à l'enseignant une écoute attentive et active. Le *mapi* doit donc « prendre en compte et reconnaître comme légitimes, non seulement la description du problème faite par l'enseignant, mais aussi l'expression de sentiments associés tels que l'exaspération, le découragement, la colère (...). Le but est de bien cerner le problème tel qu'il est défini par l'enseignant » (*op. cit.*, p. 23).

La collaboration est également essentielle lors de la définition des objectifs et la répartition des tâches. Le « projet pédagogique individuel » est ici l'instrument central de la collaboration. Lorsque le *mapi* rédige le document, il devra impérativement le soumettre au titulaire pour qu'il y adhère. Le « projet pédagogique individuel » est avant tout un instrument, un moyen et doit donc être utilisé de manière très souple. Par conséquent, le *mapi* le modifiera en fonction de l'avis du titulaire ou des nouvelles informations à disposition.

Enfin, la collaboration est essentielle dans la phase du bilan. Comment le *mapi* pourrait-il effectuer l'évaluation formative d'étape seul avec l'enfant dans sa salle, alors que les progrès de l'élève doivent d'abord et principalement s'exprimer en classe ? D'ailleurs, le bilan portera avant tout sur les changements intervenus en classe. De plus, l'élève en difficulté est d'abord sous la responsabilité de l'enseignant titulaire : « l'enseignant titulaire est responsable de tous les élèves de sa classe, y compris ceux qui bénéficient de l'appui » (DIP, 1991, p. 34).

Comme nous l'avons déjà vu plus haut, l'intérêt premier de la structure d'appui est d'être à deux (voire à trois ou quatre) pour analyser, comprendre et trouver des solutions nouvelles à des situations difficiles. Dès lors, la collaboration est évidente lors de toutes les phases du travail. Gillig (1998, p. 230) relève également que « cette collaboration entraîne des modifications des attitudes individuelles et collectives devant les difficultés des élèves, ainsi qu'une meilleure compréhension de leur situation ».

Bien entendu, le degré de collaboration est très variable et dépend surtout de la relation qu'entretiennent le *mapi* et le titulaire. Cet aspect a déjà été abordé plus haut avec la « grille d'intervention » (annexe 8). En ce qui concerne plus spécifiquement le titulaire, on peut dire que son implication peut se situer à des niveaux très divers. Il peut d'abord se contenter d'évaluer les progrès de l'enfant en classe et apporter un feed-back au *mapi* sur l'efficacité du travail effectué avec l'enfant. Mais il peut également favoriser le transfert et la généralisation des compétences développées en appui individuel (seul, en effet, le titulaire peut observer si l'élève actualise certains comportements en classe). À un degré plus élevé d'implication, il va différencier sa pédagogie avec l'élève en difficulté (rythme de travail, exigences, etc.). Il pourra également apporter une aide individuelle à l'enfant, pendant le temps de classe ou après les heures d'école. Le duo pédagogique implique évidemment un degré de collaboration encore plus élevé. Enfin, le titulaire, dans certains cas, assumera complètement la démarche d'aide, sans que l'élève ne vienne forcément en appui (par exemple, dans la situation de Max décrite plus haut).

L'implication du titulaire dépendra de nombreux facteurs, comme le choix des objectifs, ses compétences propres, sa disponibilité, son approche de l'échec scolaire, etc. Quoi qu'il en soit du degré de collaboration et d'implication du titulaire dans la démarche, la mise en place du projet doit être assumée par l'enseignant d'appui : l'enseignant titulaire doit être déchargé de toutes les tâches pouvant être assumées par le *mapi*. Le travail des enseignants primaires est de plus en plus exigeant et difficile. Le *mapi* est donc là comme une ressource, afin de soulager les titulaires et leur apporter une aide efficace. Si en signalant un élève au *mapi* le titulaire redoute une surcharge importante de travail, il est probable, à terme, qu'il renoncera à demander de l'aide. Comme le relève Évéquoz (1986, p. 50), « généralement, les enseignants sont réceptifs et collaborent dans la mesure où ce qui leur est demandé a pour effet de les soulager et non d'exiger encore plus d'eux-mêmes ». La question soulevée ici se pose avec encore plus d'acuité lors de la mise en place des programmes adaptés ou lors de l'intégration d'enfants en situation de handicap dans les classes régulières.

Difficultés dans la collaboration *mapi*/titulaire

Dans la collaboration *mapi* / titulaire, plusieurs difficultés peuvent se présenter.

Tout d'abord, lors des différents entretiens avec le titulaire, il s'agira de veiller à ne pas traiter l'élève en difficulté comme le feraient deux médecins penchés à son chevet. Avant d'être un « élève problématique », c'est un élève « dans une situation problématique ». Comme le relève La Monneraye (1991, p. 109), « ce qui sera traité, grâce à l'intervention du rééducateur, ce n'est pas l'élève, ce n'est pas non plus le maître, comme certains sembleraient parfois le souhaiter, c'est la situation en tant que telle ». Les enseignants collaboreront donc à débloquer la situation en activant les ressources du milieu. Le risque de désigner l'enfant comme « problématique », c'est de l'enfermer dans sa difficulté, voire de l'identifier à son problème. De plus, il paraît a priori souvent difficile de « changer » l'élève. Par contre, la situation peut évoluer rapidement, puisque les enseignants peuvent modifier assez facilement le contexte de travail de l'enfant.

Ensuite, le *mapi* peut être victime d'attentes « magiques » de la part du titulaire ou des parents (Selvini Palazzoli, 1980). Il est tentant — surtout lorsque le *mapi* est peu expérimenté — de laisser croire que, grâce à son savoir et à ses diplômes, il détient les solutions à tous les problèmes et qu'effectivement le titulaire a frappé à la bonne porte ! Avec un peu d'expérience, le *mapi* développe avant tout beaucoup d'humilité face à la complexité des problématiques liées à l'échec scolaire. Le *mapi* veillera donc, dans ses entretiens avec le titulaire, à minimiser ses chances de réussite et à demander l'aide des différents partenaires du projet, plutôt que de se présenter comme le super-pédagogue du centre scolaire. C'est pourquoi le *mapi* définira clairement ses compétences propres, les procédures qu'il utilise en appui, ses intentions, mais également ses limites. Comme le relève Évéquoz (1984, p. 57), à propos du psychologue scolaire, « s'il veut devenir un agent du changement, sa tâche prioritaire est de définir lui-même en premier lieu (c'est-à-dire avant que les autres ne le fassent à sa place) la relation ». Bien entendu, si le titulaire peut exprimer ses attentes au *mapi*, ce n'est pas à lui de décider des contenus des séances d'appui et des modalités de travail du *mapi*.

Le danger de ces « attentes magiques », c'est que le titulaire aura tendance à confier l'enfant en difficulté au « spécialiste en appui pédagogique » et à se déresponsabiliser. Le titulaire délègue alors le problème au *mapi*, alors que ce dernier devrait au contraire proposer une co-responsabilité et encourager une collaboration. « En effet,'envoyer' un élève en rééducation ne dégage le maître d'aucune de ses responsabilités. Par contre, il n'est plus seul » (La Monneraye, 1991, p. 112). Le *mapi* proposera donc au titulaire de « résoudre ensemble », plutôt que de « porter à la place ». S'il ne le fait pas, le *mapi* risque, de plus, de se trouver implicitement en confrontation avec le titulaire qui souhaitera — sans en avoir souvent conscience — que le *mapi* échoue là où lui-même a échoué. Comme le relève un enseignant, « j'estimais qu'il était de mon devoir d'apporter à ces enfants une aide particulière, et je ne jugeais pas utile de faire appel à un enseignant d'appui. Par vanité, j'avais de la peine à imaginer qu'un autre intervenant ait pu réussir là où je demeurais en échec » (Gabioud, in *Résonances*, fév. 1993).

Une autre difficulté liée à la collaboration *mapi* / titulaire, c'est la recherche d'une cause de l'échec extérieure au domaine scolaire. Comme le relève Golaz Roland (1999, p. 56), « très nettement le pôle choisi par les enseignants dans l'attribution des causes de l'échec scolaire se situe du côté de l'élève, sa famille et la société, plutôt que du côté de l'école et de l'enseignement tel qu'il est pratiqué aujourd'hui ». Souvent, en effet, les parents sont désignés par le titulaire ou le *mapi* comme les responsables des difficultés scolaires de l'enfant. Or, l'échec de l'enfant concerne d'abord « l'élève » et l'échec est un échec « scolaire » ! L'école réussit ici l'exercice pernicieux de faire porter aux parents un échec qui est d'abord le sien. Le système scolaire produit de l'échec scolaire — par définition — et en rejette les responsabilités sur les familles. D'ailleurs, les explications de l'échec données par les enseignants relèvent fréquemment d'un registre psychologique et non pédagogique. L'enfant « manque de maturité », « vit une situation familiale difficile », « est très renfermé » ou « a une mauvaise estime de lui ». De même, le danger pour les enseignants est « de se lancer dans une anamnèse, c'est-à-dire une reconstitution des difficultés de l'enfant par une interrogation sur son passé. Il y a là un retour de la perspective thérapeutique qui est totalement inutile dans le champ de la rééducation » (La Monneraye, 1991, p. 111).

Il ne s'agit évidemment pas de nier l'influence de ces facteurs sur l'échec scolaire, mais il semble absolument fondamental de resituer la problématique dans le cadre où elle s'exprime, c'est-à-dire l'école. Comme le relève Mc Culloch (1999, p. 22), « le postulat théorique dit que s'il y a un problème à l'école, il y a un problème à l'école ; il y a donc aussi une solution à l'école. Par conséquent, il est **toujours** pertinent de chercher à comprendre et à agir sur ce problème dans le contexte scolaire **quelles que soient les mesures indiquées ou prises par ailleurs pour l'enfant et/ou sa famille** ».

Parfois, l'absence de collaboration pose un autre problème au *mapi* : ignorant tout de la réalité de la classe de l'enfant en difficulté et ne connaissant pas les exigences du titulaire, le *mapi* aura beaucoup de peine à savoir quelle aide concrète il peut apporter à l'enfant. Si, par exemple, le *mapi* ignore que M. Cube aborde toutes les tables de multiplication avec ses élèves en troisième primaire déjà — alors qu'elles relèvent plutôt du programme de 4P —, il comprendra difficilement les difficultés du petit Albert en mathématiques. Si Mme Sand évalue la lecture en demandant à ses élèves de lire à haute voix un texte, le *mapi* devra probablement renoncer à travailler en priorité avec son élève l'étude de texte. « Il n'y a pas de pédagogie de soutien, ou plutôt d'intervention de soutien, sans un minimum de paroles dites entre instituteurs sur la pédagogie employée en classe. Si je veux faire du soutien, je ne peux pas ne pas savoir comment mon collègue envisage son travail » (CRFMAIS, 1988, p. 30).

Ce qui peut enfin poser problème dans la collaboration *mapi* / titulaire, c'est l'organisation concrète de l'appui et les questions d'horaire et de programme. Parfois, l'élève vit l'appui pédagogique individuel comme une sanction. S'il doit rattraper en classe le travail fait en son absence ou s'il vient en appui toute l'année pendant les heures de gym ou de dessin, l'enfant se sentira pénalisé et aura de la difficulté à s'investir pleinement dans les tâches proposées par le *mapi*. La manière dont le titulaire rappelle à l'élève son cours d'appui est également importante. Si l'enseignant ne considère pas réellement cette mesure comme une aide pour l'enfant, son attitude — point n'est besoin alors de grands discours — traduira son dédain pour l'appui, voire le *mapi*, et tout le bénéfice de l'aide apportée sera réduit à néant.

La collaboration *mapi*/élève en difficulté

Le lecteur sera peut-être surpris de découvrir dans cet ouvrage un chapitre intitulé « collaboration » pour parler du travail que le *mapi* effectue avec l'élève en difficulté. En fait, l'enfant est réellement le premier partenaire de l'enseignant d'appui. Il doit être au centre du projet et devenir, comme nous l'avons déjà vu, acteur, auteur et sujet du projet. Sans la collaboration de l'enfant, l'aide est impossible.

Or, l'enfant est rarement demandeur. Souvent, c'est le titulaire, voire les parents ou les spécialistes, qui signalent l'élève au *mapi*. Le premier travail du *mapi* consistera donc à aider l'enfant à entrer dans un projet que les adultes ont pour lui. Si l'élève refuse d'entrer dans la relation d'aide que le *mapi* lui offre, il doit pouvoir le dire et assumer son choix en connaissant bien les implications possibles de son refus. « Le premier point fondamental est de s'assurer du volontariat réel de l'enfant à propos du soutien. (...) Nous lui proposons une aide, mais nous le laissons libre de l'utiliser ou de la refuser. Cette manière de s'intéresser à son désir est si nouvelle pour lui qu'elle crée un choc. » (La Monneraye, 1991, p. 21)

Il est difficile pour le *mapi* de présenter la démarche en toute objectivité et d'accepter que l'élève refuse l'aide qu'il lui propose. « Le plus grand danger, parce qu'on le sent en difficulté, est d'essayer d'obtenir l'accord de l'enfant en le séduisant ou en le persuadant que ce serait mieux pour lui de venir en soutien. » (CRFMAIS, 1988, p. 36)

Pourtant, ce qui se joue ici relève d'un rapport de sujet à sujet. Le *mapi* ne « travaille » pas l'enfant, comme on travaille la terre. Le *mapi* travaille avec l'enfant pour que, dans une relation de sujet à sujet, ses ressources se développent et lui permettent de surmonter ses difficultés.

« Nous considérons a priori l'enfant comme un interlocuteur et non comme objet d'observation » (*op. cit.*, p. 146).

La première rencontre du *mapi* avec l'enfant est, à ce propos, déterminante. Elle permet tout d'abord de faire connaissance, de se présenter, mais également de définir la relation qui s'établit dans le cadre de l'appui pédagogique. Le *mapi* devra éviter de précipiter cette importante première phase. Deux ou trois cours d'appui peuvent être consacrés à la clarification de ce qui se jouera dans cette relation d'aide.

Concrètement, le *mapi* se présentera tout d'abord, expliquera sa fonction dans le centre scolaire et son rôle dans la structure d'appui. Il expliquera à l'élève en quoi consiste son travail, ce que ce dernier peut attendre du *mapi* et répondra à toutes les questions que l'enfant se pose à son sujet. Ensuite, l'enfant se présentera en donnant son nom et son prénom et en expliquant ce qu'il sait du signalement que le titulaire a fait à son sujet. Des questions comme « Sais-tu qui je suis ? Comment as-tu appris qu'aujourd'hui tu allais passer un moment avec moi ? Sais-tu pourquoi tu viens travailler avec moi ? En as-tu parlé avec ton enseignante ? Que crois-tu que nous allons faire ensemble ? Pourquoi ? etc. » [2] permettent, au début de l'entretien, de comprendre les représentations que l'enfant se fait de l'appui. Précisons encore ici que le *mapi* s'assoira à côté de l'enfant lors d'appuis individuels et non en face de lui : cette disposition permettra une communication plus chaleureuse et favorisera un travail de collaboration (Myers et Myers, 1990, p. 154).

Le *mapi* clarifiera ensuite le fonctionnement de l'appui, les objectifs de la structure et précisera ce qu'il sait de l'enfant et pourquoi le titulaire ou les parents ont estimé qu'une aide était nécessaire. Il demandera également l'avis de l'enfant sur la question et sollicitera son accord pour la poursuite du projet, en précisant qu'à tout moment, il peut demander un arrêt provisoire ou définitif de la mesure : l'école est obligatoire, mais pas le cours d'appui !

La Monneraye (1991, p. 134) insiste également sur l'importance de dire à l'enfant « de quel discours il est l'objet. Il y a à lui parler tout de suite de la situation dans laquelle on est, de ce pourquoi il est avec nous, donc de ce que le maître nous a dit de lui et de ses difficultés. Tel est le premier acte qui concrètement signe notre intention de nous adresser à un interlocuteur sujet : lui parler directement de ce qui est réellement important et non l'observer ou le tester ».

2. Questions extraites d'un document élaboré par Christiane Joye-Wicki, mapie

Le *mapi* communique ensuite à l'enfant les modalités de la prise en charge (en classe, en appui individuel, en groupe, fréquence des cours, horaire, etc.). Avec les élèves plus âgés bénéficiant d'un appui individuel (en général à partir de 8-9 ans), le *mapi* précisera qu'ils sont responsables de gérer leur horaire : pendant les 2-3 premières semaines, le *mapi* viendra les chercher en classe s'ils oublient l'heure du cours, mais ensuite ils doivent assumer seuls leur horaire. Il semble en effet important que l'enfant fasse lui-même la démarche de venir en appui, ce qui lui permet de renouveler son choix avant chaque cours. S'il oublie son heure plusieurs fois de suite, le *mapi* lui proposera un entretien où, ensemble, ils clarifieront à nouveau la démarche et les objectifs poursuivis. L'expérience montre que, très souvent, ces oublis constituent des actes manqués et sont rarement dus à des problèmes d'horloge !

À la fin de la phase d'évaluation formative de départ, le *mapi* consacrera également un cours pour informer l'élève des résultats et des objectifs fixés. Il pourra lui présenter le « projet pédagogique individuel » et lui montrer quel sera son rôle dans le projet. « En tant que premier intéressé, l'élève doit être mis à contribution, compte tenu de son âge et de ses capacités. Il est ainsi invité à donner sa perception de ses difficultés et à contribuer à la recherche de solutions. (...) Il participe à l'élaboration et au suivi du plan d'intervention conçu pour lui » (St-Laurent *et al.*, 1995, p. 293).

Si l'élève bénéficie d'appuis pédagogiques individuels, le *mapi* veillera, au début et à la fin de chaque cours, à informer l'élève des objectifs poursuivis et des moyens qu'il peut mettre en œuvre pour les atteindre. L'enfant pourra en effet transférer les compétences qu'il développe en appui seulement s'il est tout à fait au clair avec les objectifs poursuivis et son rôle dans le projet. Egan (1987, p. 306) précise que les objectifs doivent notamment être « assez précis pour déclencher une action, susceptibles d'être mesurés ou vérifiés et réalistes par rapport aux ressources du client ». Pour un enfant, 2 ou 3 objectifs sont suffisants pour une période donnée. L'élève doit pouvoir lui-même évaluer ses progrès en fonction des objectifs poursuivis. Si ceux-ci sont trop nombreux ou formulés en termes trop vagues, l'enfant ne pourra pas mesurer lui-même s'il progresse.

Lorsque la mesure d'appui s'arrête, l'enfant est évidemment informé des raisons qui motivent la fin de la mesure et des objectifs qu'il doit poursuivre maintenant de manière autonome. Le *mapi* doit d'ailleurs toujours présenter l'arrêt de la mesure comme une très bonne nouvelle, puisque l'élève n'a plus besoin d'aide pour réussir son parcours scolaire.

Si l'enfant ne se sent pas prêt à interrompre la mesure, le *mapi* veillera à aménager une transition plus douce, en maintenant par exemple quelques séances ou en prévoyant avec l'enfant une prochaine rencontre de bilan. « Nous avons souvent constaté que les élèves souhaitaient continuer un certain temps de venir en soutien alors qu'ils avaient apparemment résolu leurs problèmes d'efficience. A chaque fois qu'on a essayé d'arrêter avant qu'eux-mêmes se sentent personnellement prêts, cela a conduit à un retour provisoire de leur échec » (CRFMAIS, 1988, p. 13).

Parfois, l'élève apporte en appui une fiche qu'il n'a pas comprise en classe ou un examen auquel il a échoué. Le *mapi* doit se réjouir de cette démarche. Elle prouve que l'élève a compris que l'appui est d'abord une relation d'aide et qu'il peut solliciter très librement les conseils du *mapi*. L'élève nous prouve ici qu'il est devenu demandeur en son nom propre. Elle montre également que l'élève se responsabilise et veut surmonter ses difficultés. Le *mapi* doit néanmoins veiller à ne pas trop s'éloigner des objectifs fixés et à ne pas tomber dans une forme de rattrapage scolaire. Très souvent, il est tout à fait possible de poursuivre les objectifs à partir des questions et documents que l'élève apporte au cours.

De même, le *mapi* demandera régulièrement à l'élève de lui montrer les résultats qu'il obtient en classe et l'aidera à évaluer ses progrès. L'élève doit savoir que l'objectif est bien de favoriser la réussite en classe et non seulement en appui. Seule l'analyse des résultats du travail effectué en classe est dès lors réellement signifiante. « Il est vrai qu'il n'y a de soutien réussi que lorsque l'élève arrive de nouveau à apprendre normalement dans sa classe » (*op. cit.*, p. 42).

En conclusion, on peut affirmer que la collaboration *mapi* / élève en difficulté pose relativement peu de problèmes si les relations entre les adultes qui s'occupent de lui sont bonnes. Le désir de progresser et d'apprendre est toujours présent chez l'enfant si les enseignants savent établir avec lui une relation de confiance et de congruence.

La collaboration *mapi*/parents de l'élève en difficulté

Il est clair que la qualité des liens que tisse la famille avec l'école joue un rôle très important dans la réussite de l'enfant. Or, les élèves dont s'occupe le *mapi* proviennent souvent de milieux défavorisés dans lesquels les parents gardent de l'école et des enseignants un souvenir pénible. Ils se sentent blessés par les difficultés d'apprentissage de leur enfant et revivent parfois, à travers son échec, leur propre vécu d'élève en difficulté. « L'ombre principale planant sur ces rencontres est la non-participation des parents les plus concernés » (DECS/ORDP, 1999, p. 13). Il s'agira donc pour les enseignants d'aménager des conditions favorables à une collaboration véritable, en les considérant comme des partenaires et non comme les responsables de l'échec de leur enfant.

En tant que *mapis*, nous pouvons occuper une position privilégiée pour favoriser une bonne collaboration entre les différents partenaires. En créant une dynamique où l'élève, les parents et le titulaire trouvent un terrain commun, il est possible de déjouer les pièges d'une disqualification réciproque et de multiplier ainsi les chances de réussite pour l'élève. L'entretien avec les parents visera donc à tenter de les comprendre et les accepter inconditionnellement comme des parents qui, malgré toutes leurs difficultés et leurs imperfections, veulent avant tout le bien de leur enfant.

Une question qui se pose souvent est de savoir si l'élève doit assister aux entretiens entre le *mapi* et les parents. En principe, par souci de transparence, la présence de l'enfant est souhaitable, si les parents l'acceptent. C'est une manière d'impliquer d'emblée l'enfant dans le projet et de connaître son avis sur les questions posées lors de l'entretien. Comme le souligne La Monneraye, « beaucoup de malentendus et beaucoup de souffrance pourraient être évités si on prenait la peine de considérer que tout enfant qu'il soit, le sujet pense quelque chose sur son travail, sur ses difficultés et qu'il n'est pas inutile d'écouter son point de vue » (in CRFMAIS, 1988, p. 34). Parfois, le *mapi* ou les parents souhaitent exprimer des réalités difficiles à entendre pour un enfant. Ils peuvent alors tout simplement demander à l'enfant de quitter un instant la salle.

Pour analyser plus précisément la collaboration *mapi* / parents, les quatre temps de la « grille d'intervention » proposée plus haut seront présentés (annexe 8). Ces quatre degrés dans la collaboration ne sont malheureusement pas toujours atteints avec tous les parents. Il est tout à fait envisageable de parcourir les quatre temps en un seul entretien avec certains parents, alors qu'avec d'autres, seul le premier degré est atteint durant toute la période de collaboration.

Premier temps : informer (le *mapi* informe les parents)

Les parents ont droit, dans un premier temps, à une information claire sur la situation de leur enfant, les attentes et les exigences de l'école et les objectifs poursuivis. Il ne s'agit ni d'amplifier les difficultés de l'enfant, ni de les nier, mais de poser clairement le problème, en évitant absolument de désigner de coupable ou d'entrer dans des propositions de coalition. Parler clairement des problèmes permet bien souvent d'éviter le renvoi continuel des responsabilités, désamorce les tensions et permet de s'investir dans un projet réaliste.

Lors de l'entretien avec les parents, l'enseignant mettra également l'accent sur les qualités et les ressources de l'enfant. En effet, les parents de l'enfant en difficulté ont souvent tendance à ne plus voir « l'enfant », mais seulement « l'élève en échec scolaire ».

Un autre aspect important — qui a déjà été souligné — se joue dans les tous premiers contacts avec les parents et concerne la définition de la relation. Il est en effet capital d'établir dès le début un contexte de collaboration qui permet de déjouer les pièges de la disqualification réciproque. Les parents s'engageront dans le projet seulement s'ils se sentent en sécurité et s'ils ont confiance en l'enseignant. Souvent, les parents des élèves en difficulté se sentent infériorisés ou culpabilisés et craignent les reproches des professionnels. Une attitude positive de l'enseignant permet alors de redonner confiance aux parents et de s'engager à nouveau dans un projet.

Un dernier point concerne également le *mapi*, dans cette première phase : l'annonce du « handicap scolaire ». Il arrive en effet que le *mapi* doive informer les parents des difficultés importantes de leur enfant. Pour certains parents, c'est un moment comparable à l'annonce du handicap mental : les parents doivent faire un deuil, celui de l'enfant performant au niveau scolaire. Ici également, les qualités d'empathie, de compréhension, de chaleur humaine sont d'une importance capitale. Les parents doivent se sentir libres de poser toutes les questions et le *mapi* doit leur donner toutes les informations nécessaires à une bonne compréhension de la situation de leur enfant. Nous savons maintenant que la manière dont s'est déroulée l'annonce peut avoir des conséquences importantes sur l'engagement des parents et l'adaptation de la famille aux difficultés de l'enfant.

En résumé, il s'agit donc de considérer d'emblée les parents comme des partenaires. Très souvent, les parents consacrent beaucoup de temps et d'énergie pour le bien de leur enfant. S'ils sont correctement informés des objectifs de l'école et des difficultés de l'enfant, ils pourront apporter une aide plus ciblée et mieux adaptée. Le document du « projet pédagogique individuel » (annexe 7) permettra au *mapi* d'informer correctement les parents. À leur demande, une copie de ce document leur sera transmise.

Deuxième temps : s'informer (les parents informent le *mapi*)

L'intérêt d'une collaboration avec les parents réside également dans les informations qu'ils donnent au *mapi* du vécu de leur enfant et du regard que la famille porte sur l'école. Il est évident que les parents sont les personnes qui connaissent le mieux l'enfant et qui peuvent donc apporter des informations très importantes qui aideront les enseignants à travailler avec lui. Une réelle compréhension de l'échec ne peut se passer de ces éléments.

Cette information, utile d'abord à l'enseignant, permet également aux parents eux-mêmes de prendre conscience de leurs besoins, de leurs difficultés, de leurs ressources et ainsi de clarifier leurs problèmes. C'est seulement lorsqu'ils auront pu dégager une vue d'ensemble de l'organisation familiale qu'ils pourront définir les buts et envisager un projet réalisable.

Dans ce deuxième temps, le *modèle organisationnel* (Lambert et Lambert-Boite, 1993) prend toute son importance : il devrait nous aider à considérer l'ensemble des variables et à dégager les éléments importants en fonction de la famille directement concernée par le projet. Toute cette analyse devra en effet s'effectuer à partir du vécu de la famille, de son appréciation propre et non en fonction des a priori du professionnel. De nombreux programmes de collaboration échouent parce que les enseignants ne sont pas assez à l'écoute des familles et leur imposent des rôles dans le projet qu'ils ne peuvent pas assumer, dans le concret de leur vie familiale. Le *mapi* devra donc retourner toujours aux difficultés, ressources et besoins de la famille elle-même et abandonner ses propres représentations de la situation. Theytaz (1994, p. 1) précise également qu'il s'agit « d'offrir une écoute attentive aux parents dans la description d'un problème qu'ils posent, d'une plainte qu'ils émettent, des explications qu'ils donnent, des solutions qu'ils proposent... en partant de l'idée que ce qu'ils disent est juste **de leur point de vue** ».

Un autre danger est de vouloir obtenir des renseignements par les parents sur leur vie familiale. Le *mapi* ne s'autorisera pas un questionnement qui dépasse le cadre purement scolaire. La gestion des tâches à domicile peut, par exemple, être abordée avec les parents, mais l'organisation des loisirs ou les problèmes conjugaux ne le regardent aucunement. « Il est complètement inutile à un instituteur pour faire correctement sa classe de savoir si tel de ses élèves fait pipi au lit ou crache dans son bol le matin avant de venir à l'école » (La Monneraye, in CRFMAIS, 1988, p. 33).

Par contre, si les parents parlent spontanément de leurs difficultés familiales, le *mapi* pourra évidemment les écouter, partager son expérience d'adulte, voire les orienter vers des structures leur permettant de trouver l'aide dont ils ont besoin.

Troisième temps : s'impliquer (le *mapi* s'implique dans le projet)

Dans un troisième temps, l'enseignant pourra envisager son implication propre dans le projet. Le choix des objectifs et des moyens dépendra évidemment de toutes les informations recueillies lors des deux premiers temps (informer et s'informer). L'élaboration du projet pédagogique se situe à ce niveau. Nous n'y revenons plus ici.

Dans un souci de transparence, les parents seront informés de la forme que prendra l'implication du *mapi* et du titulaire dans le projet.

Quatrième temps : impliquer (les parents s'impliquent dans le projet)

Les trois étapes précédentes ont permis de clarifier la situation avec les parents, d'établir un contexte de collaboration et de préparer leur participation au projet. Le degré d'implication des parents peut dépendre en grande partie de la qualité de la relation qui a pu s'établir avec le *mapi* lors des premières phases de l'entretien et de la prise en compte de l'ensemble de l'écologie familiale.

L'acquisition d'un sentiment de compétence et de confiance en soi chez les parents est également un prérequis indispensable à un engagement réel. C'est dire à nouveau toute l'importance, pour faciliter l'implication des parents (degré 4), que nous devons accorder aux trois premiers temps déjà décrits. Le *mapi* doit donc impérativement aborder les « phases d'information » (informer et s'informer) avant les phases d'implication (s'impliquer et impliquer). Évéquoz (1986, p. 46) insiste également sur l'importance de respecter ces deux temps pour éviter la crainte des parents d'être jugés si on leur propose tout de suite de s'impliquer dans le projet : « Pour éviter ces effets, la convocation doit être structurée de la manière suivante : les parents sont appelés pour être mis au courant de ce qui est entrepris pour aider leur enfant et trouver les solutions aux difficultés qu'il présente dans la classe. (...) Une fois informés, les parents eux-mêmes se prononceront sur l'opportunité de leur engagement et refuseront alors rarement de participer à un processus de collaboration. »

Quand l'enseignant s'est assuré de l'engagement volontaire des parents, il peut définir avec eux le degré et le niveau de leur implication dans le projet. On peut imaginer ici l'établissement d'un contrat entre les enseignants et les parents, dans lequel on définirait des objectifs précis, les moyens à mettre en œuvre, le rôle joué par chacun et la manière d'évaluer les résultats de l'intervention.

Comme il a déjà été souligné, le degré d'implication des parents est très variable et dépendra avant tout de leur choix. On peut considérer que le degré d'implication est faible lorsqu'ils s'efforcent simplement de mieux comprendre la situation de leur enfant sans s'engager réellement dans un projet (informer). Par contre, il sera fort lorsque des objectifs précis seront établis et une stratégie d'intervention définie (impliquer). Certaines fois, les parents ne désirent même pas rencontrer les enseignants. Le *mapi* veillera, dans ces cas extrêmes, à poursuivre le projet dans le cadre unique de l'école : il ne s'agit évidemment pas de pénaliser une fois de plus un enfant — qui ne bénéficie déjà pas du soutien familial — en lui refusant toute aide à l'école parce qu'on la lui refuse à la maison !

Précisons encore qu'il paraît important de définir le rôle des parents comme complémentaire au nôtre ; il ne s'agit donc ni de les transformer en « *mapis* domestiques », ni de greffer artificiellement à la vie de famille des séances de rattrapage supplémentaires. Par contre, le *mapi* clarifiera, par exemple, le rôle que les parents peuvent jouer dans les tâches à domicile ou les liens qu'ils peuvent établir entre les apprentissages scolaires et la vie familiale quotidienne. Il encouragera également les parents à redécouvrir les qualités de leur enfant à travers des activités de loisir qui ne sont pas liées aux matières scolaires.

Comme nous l'avons déjà vu, ces quatre phases peuvent se dérouler en une seule réunion ou en plusieurs entretiens. Une modalité de rencontre originale consiste à inviter les parents à assister à un cours d'appui et à organiser l'entretien qui suit à partir des observations et questions des parents.

Se pose enfin le problème de l'évaluation de l'efficacité de la collaboration école / famille. En tant que *mapi*, il n'est évidemment pas envisageable d'évaluer directement l'apport des parents dans la réussite ou l'échec du projet. L'évaluation comprendra donc deux aspects : tout d'abord, un entretien avec les parents permettra au *mapi* d'évaluer avec eux si les objectifs fixés ont pu être atteints ; ensuite, l'évaluation des compétences mêmes de l'élève en classe fournira au *mapi* des indications, certes indirectes, mais néanmoins précieuses, sur l'efficacité du projet et la collaboration avec les parents.

En conclusion, on peut dire qu'un entretien avec les parents est réussi si le *mapi* a su activer les ressources du milieu, redonner de l'espoir face aux difficultés de l'enfant et a pu restaurer la confiance des parents.

La collaboration *mapi*/spécialistes

La collaboration évoquée dans ce chapitre concerne tous les spécialistes qui gravitent autour du monde scolaire : il s'agit avant tout des psychologues scolaires, des logopédistes, des psychomotriciens, des pédiatres, des pédopsychiatres et de tous les spécialistes travaillant dans les Offices de l'Enseignement Spécialisé, les Offices médico-pédagogiques et les Offices éducatifs itinérants.

Alors que la collaboration avec le titulaire, l'enfant et les parents est indispensable lors de chaque prise en charge par le *mapi*, l'intervention d'un spécialiste reste plutôt exceptionnelle. Parfois, l'enfant signalé en appui est déjà suivi par un spécialiste avant la prise en charge par le *mapi* sans que les enseignants en soient informés. Souvent, néanmoins, c'est le *mapi* ou le titulaire qui propose aux parents de contacter un spécialiste pour une aide plus spécifique. L'OES souligne d'ailleurs ce rôle des enseignants dans son document (1997, p. 42) : « L'enseignant d'appui et l'enseignant titulaire peuvent être amenés à proposer aux parents le signalement par un thérapeute ».

L'aide apportée par le spécialiste peut être totalement indépendante de l'aide proposée par le *mapi*. Par exemple, on peut imaginer que le psychologue scolaire travaille avec l'enfant et la famille pour traiter du problème de l'énurésie et que le *mapi* s'occupe de l'élève pour ses difficultés en mathématiques. Dans ce cas, la famille peut souhaiter que les enseignants ne soient même pas informés de la prise en charge par le spécialiste.

Dans d'autres situations, la collaboration est importante. Par exemple, si l'enfant souffre de dysphasie, un travail effectué en parallèle par le logopédiste et les enseignants peut s'avérer indispensable. Le *mapi* veillera cependant à éviter la multiplication des mesures d'aide qui peut parfois devenir une entrave au développement de l'enfant. L'exemple de

Cédric présenté dans le chapitre 2 est emblématique du danger d'un acharnement pédagogique.

Lorsque le *mapi* met en évidence des difficultés globales qui participent de problématiques autres que psychopédagogiques, il a le devoir de contacter le spécialiste qui lui proposera alors des solutions adaptées. Le *mapi* devra donc bien connaître les limites du domaine dans lequel il peut intervenir et ne pas hésiter à solliciter les conseils des spécialistes en cas de doute.

Constatons enfin que des difficultés de collaboration se présentent parfois parce que les enseignants ont des attentes magiques quant à l'intervention des spécialistes. Or, le spécialiste est d'abord compétent dans sa spécialité. Les enseignants — et en particulier le *mapi* — ne doivent pas attendre une aide de type pédagogique d'un professionnel qui est moins compétent qu'eux dans ce domaine. La clarification des attentes est ici indispensable. Le spécialiste devrait d'ailleurs préciser lui-même les limites de ses compétences et ne pas laisser croire aux enseignants qu'il peut proposer des solutions qui relèvent de la pédagogie. A ce propos, le *mapi* peut veiller à favoriser une collaboration où la définition des rôles soit claire pour tous les partenaires.

Dans les chapitres précédents, nous avons vu quelles devaient être les conditions favorables à une approche cohérente de l'appui pédagogique. Nous avons ainsi défini les modalités de l'intervention du *mapi*, la démarche de projet pédagogique et l'absolue nécessité d'une collaboration effective de tous les partenaires. Dans le chapitre suivant, nous allons nous poser la question de l'efficacité de l'appui pédagogique intégré : cette mesure constitue-t-elle réellement une approche valable dans la lutte contre l'échec scolaire ?

Chapitre 7 *L'appui et le beau temps : évaluation de l'appui comme mesure de lutte contre l'échec scolaire*

Lors de mon premier entretien avec un élève, je lui demande toujours s'il sait ce qu'est « l'appui ». Un jour, un enfant m'a répondu que « l'appui, c'était quand il ne faisait pas beau temps ». J'ai trouvé sa réponse amusante et pertinente : s'il faisait toujours beau dans la scolarité d'un enfant, l'appui ne serait qu'une ondée rafraîchissante et rarissime que le titulaire proposerait exceptionnellement lors de canicules cognitives. Quant au *mapi*, il coulerait des jours heureux à l'ombre des cocotiers et des ouvrages d'ortho-pédagogie !

Malheureusement, il pleut encore souvent dans la tête des enfants en difficulté scolaires et le *mapi* — lorsqu'il refuse l'usage inutile du parapluie-rattrapage — est contraint de chasser les nuages. Réussit-il toujours dans son entreprise ? « L'appui » permet-il d'arrêter « la pluie » ? Quelles sont les critiques de ce type de mesure ?

Ce chapitre sera consacré à donner des réponses à ces questions, en appuyant la réflexion sur des recherches qui ont tenté d'évaluer l'efficacité de la mesure d'appui.

Les arguments en faveur de la mesure : l'appui ? — c'est le beau temps !

J'espère que j'ai pu partager, dans les chapitres précédents, ma foi immodérée dans les vertus — si ce n'est du *mapi* ! — du moins de la mesure d'appui pédagogique intégré. Néanmoins, la foi, en la matière, ne suffit pas. Les convictions doivent être soutenues par des recherches scientifiques qui peuvent mettre en évidence les forces de la structure.

Plusieurs recherches permettent en effet de penser que la mesure d'appui pédagogique est un moyen efficace de lutte contre l'échec scolaire. Le DIP, en 1991 déjà, a effectué une analyse des premiers résultats obtenus par l'appui en Valais. Le lecteur pourra se référer au détail de l'analyse en consultant le document (DIP, 1991, p. 36). Signalons simplement ici que la conclusion du rapport établit « un constat de réussite » : « Dans la lutte contre l'échec scolaire, l'appui pédagogique est un moyen dynamique à disposition de l'école pour promouvoir une pédagogie qui ne soit pas indifférente aux différences existant entre les élèves ».

D'autres études, plus longues et plus approfondies, ont été menées par des chercheurs de l'Institut de Pédagogie Curative de l'Université de Fribourg. Dans une recherche menée sous la responsabilité du professeur U. Haeberlin, les chercheurs ont analysé les effets produits par des structures basées sur la séparation ou l'intégration. Même si les conclusions présentées par Bless relèvent les difficultés de l'appui — acceptation sociale faible pour les enfants intégrés, estime de soi fragile — elles montrent que « les classes avec appui pédagogique bien organisé, et bénéficiant de conditions généreuses, sont une vraie alternative au système traditionnel tel que la classe de développement » (in *Éducateur* n° 9, déc. 1990, p. 9). Bless conclut sa présentation de la recherche en précisant que sa « position personnelle en faveur d'une scolarisation de tous les enfants de cet âge, sans exception, dans le circuit normal avec un soutien pédagogique soigneusement conçu, est motivée d'une part par les résultats de l'ensemble des recherches effectuées à ce jour et, d'autre part, par des motifs philosophiques et éthiques » (*op. cit.*, p. 10).

Dans un autre article (in *Résonances*, fév. 1993, p. 14), Bless relève encore, à propos de ces mêmes recherches : « Autre conclusion favorable à l'appui pédagogique : dans ces classes, les enfants souffrant de difficultés d'apprentissage réalisent des progrès scolaires nettement plus importants que lorsqu'ils sont inscrits dans une classe de développement ».

Des études complémentaires ont permis de confirmer ces résultats favorables. Une recherche effectuée de 1991 à 1994 par Bless et Kronig a permis d'évaluer les effets de l'appui dans les branches des mathématiques et de la langue maternelle : « Les progrès d'enfants de 2e primaire qui fréquentent une classe régulière et bénéficient d'un appui pédagogique supplémentaire sont comparés aux progrès d'apprentissage d'enfants scolarisés également en classe régulière, mais ne bénéficiant d'aucun appui particulier. Les résultats confirment de manière impressionnante l'efficacité de l'appui pédagogique » (CSRE, 1995, information 95 :053).

Délétroz et Joye-Wicki (1994 et 1996) ont, quant à elles, suivi le cheminement de 79 élèves bénéficiant de l'appui pédagogique intégré pour vérifier si cette mesure avait permis aux élèves concernés de poursuivre leur scolarité dans les classes régulières : « La majorité des élèves (34 élèves valaisans et 24 élèves fribourgeois) a pu être maintenue dans le circuit régulier du système scolaire, malgré des difficultés tout au long de leur parcours scolaire » (1996, p. 14). Elles soulignent ailleurs (1994, p. 39) que « ces diverses orientations montrent que l'appui répond à des demandes très variées. Qu'il s'agisse de difficultés scolaires spécifiques ou au contraire de problèmes plus profonds de développement, l'appui s'adapte et offre à chaque individu la possibilité de vivre plus harmonieusement sa scolarité primaire ».

Ces différentes recherches sont intéressantes parce qu'elles nous permettent d'analyser l'efficacité de la mesure dans le cadre spécifique de notre école. Dans l'ensemble, elles sont très favorables à la structure. Elles nous encouragent donc à poursuivre notre entreprise de lutte contre l'échec scolaire grâce à l'appui pédagogique intégré : l'appui, c'est le beau temps !

Les critiques : l'appui ? — c'est la pluie !

Il fait beau, mais le temps est lourd et orageux. Des études critiques menacent en effet le ciel azuré de l'appui pédagogique. Des recherches menées à l'étranger, en France notamment, et relatées par Doudin (1996, p. 7), montrent que l'appui est une mesure inefficace : les élèves ayant bénéficié de cette mesure auraient conservé leur retard, ou pire encore, l'auraient augmenté. « En France, Mingat (1991) compare deux groupes d'enfants qui présentent des difficultés scolaires semblables ; cependant, un seul des deux groupes a 'bénéficié' de mesures de pédagogie compensatoire essentiellement sous forme d'appui donné par des spécialistes (psychologues) ou des enseignants. Les résultats tendraient à montrer que le groupe ayant suivi l'appui a non seulement conservé son retard, mais l'a augmenté en cours d'année ; de plus, les élèves progressent moins l'année qui suit la fin de l'appui que ceux qui n'ont pas eu d'appui ».

Saint-Laurent *et al.* (1995, p. 16) sont également critiques : dans leur ouvrage, l'appui est remis en question « quant à son utilité ou à son efficacité pour répondre aux besoins des élèves en difficulté ». Les auteurs synthétisent les différentes raisons données pour expliquer l'inefficacité de l'appui :

- les effets d'étiquetage joueraient défavorablement et induiraient des effets d'attente négative (effet Pygmalion négatif) : l'appui peut avoir un effet stigmatisant pour les élèves signalés ;
- le transfert en classe des compétences développées en appui se ferait difficilement : l'élève ne généralise pas les habiletés et comportements appris en appui ;
- le contenu des cours d'appui serait inconsistant au point de vue de l'enseignement, du matériel, de la terminologie, du contenu, etc. ;
- la collaboration insuffisante entre le *mapi* et le titulaire induirait un manque de coordination et d'harmonisation des interventions entre la classe régulière et l'appui, ce qui entraînerait la confusion chez les élèves en difficulté ;
- le temps consacré à l'appui par l'élève se substituerait au temps d'apprentissage en classe : l'élève perd donc un temps d'enseignement important lorsqu'il vient en appui individuel.

Ces dernières critiques me paraissent fondées. Elles expliquent, me semble-t-il, les divergences dans les résultats des différentes recherches. Comme le relève Moulin (1998, p. 25), « si l'effet général du soutien est négatif, les résultats ne sont pas homogènes entre les établissements scolaires ». Les conditions d'application de l'appui pédagogique diffèrent en effet beaucoup d'un pays à l'autre, d'un canton à l'autre, voire d'un *mapi* à l'autre. Derrière un concept qui semble au premier abord commun se cachent des pratiques multiples. Il est par conséquent probable que l'efficacité de l'appui — ou son inefficacité — tienne avant tout aux modalités d'intervention du *mapi* et à ses compétences dans les cinq domaines évoqués ci-dessus.

Nous allons par conséquent analyser dans le chapitre suivant ces cinq critiques en les examinant l'une après l'autre.

Quelque part entre le remède définitif et le poison

Le *mapi* ne peut évidemment pas rester insensible aux critiques avancées par les chercheurs. Dans ce chapitre seront présentées, par conséquent, des propositions permettant au *mapi* de prendre en compte dans sa pratique les critiques soulevées.

L'effet d'étiquetage

L'effet d'étiquetage n'est pas propre à la mesure d'appui. Un élève en difficulté dans une classe peut très bien être stigmatisé par le titulaire et vivre une exclusion à l'intérieur de la classe, avec ou sans mesure d'appui. Comme le relève Bless (1990, p. 9), « dans l'ensemble, l'acceptation sociale des élèves en difficulté est faible ».

Grâce à une intervention cohérente du *mapi*, l'élève en difficulté peut par contre bénéficier d'une image plus favorable. En effet, comme les chapitres précédents l'ont montré, le travail du *mapi* consiste à souligner les compétences de l'enfant, à recadrer la problématique et à permettre à tous les partenaires du projet de mobiliser de nouvelles ressources. Les principes d'éducabilité cognitive et de modifiabilité de l'intelligence permettront au *mapi* de changer le regard que le titulaire ou les parents portent sur l'enfant et de favoriser ainsi un « effet Pygmalion » positif. Une étude réalisée dans le canton de Vaud (Golaz Roland, 1999) nous permet de penser que le *mapi* peut en effet changer réellement l'image que les titulaires se font de l'élève en difficulté : « Tous les enseignants estiment, à des degrés divers, que le SPI (Soutien Pédagogique Itinérant) a modifié leur regard sur l'élève en difficulté scolaire, ce qui pourrait constituer une preuve de l'impact des MCDI (Maîtres de Classe de Développement

Itinérant, i.e. *mapis*) sur les représentations des enseignants en ce qui concerne les élèves en difficulté scolaire » (1999, p. 68).

Le danger d'enfermer l'enfant sous une étiquette a également été relevé plus haut. Le *mapi* veillera donc à valoriser les compétences de l'enfant et renoncera à une simplification abusive relevant d'une méconnaissance réelle de la problématique. On ne construit pas un projet pédagogique autour d'une déficience ou d'une incapacité : qu'importe si le psychologue scolaire a procédé à un test de QI qui permet de classer l'enfant dans la catégorie des enfants « handicapés mentaux » ou si le pédopsychiatre a diagnostiqué le syndrome du X-Fragile.

De plus, si le *mapi* aide le titulaire à porter un regard différent sur l'enfant en difficulté, il est probable que l'acceptation sociale par les autres élèves de la classe sera également meilleure et que l'estime de soi — qui reste très fragile lorsque l'enfant est intégré — sera valorisée.

Dans une enquête sur l'organisation de l'appui dans deux communes vaudoises, Blanchet et Martin (1993, p. 77) ont pu mettre en évidence l'image très positive que tous les partenaires et les enfants ont de l'appui. Ils soulignent le lien étroit qui existe entre cette image et la problématique de l'étiquetage : « Une représentation aussi positive de l'appui est un point essentiel (...) pour les progrès de l'élève pris en appui. En effet, pour que l'élève évolue positivement grâce à l'appui, un consensus sur la qualité de l'appui proposé est une condition fondamentale. De plus, une représentation aussi positive de l'appui devrait éviter 'l'étiquetage' négatif de l'élève ayant suivi l'appui ».

Le *mapi* tâchera donc de toujours éviter les effets d'étiquetage qui risquent d'être défavorables à l'enfant et d'induire des effets d'attente négative. Si le *mapi* est conscient de la difficulté, l'appui n'aura pas l'effet stigmatisant tant redouté.

Le transfert d'apprentissage

Le problème du transfert et de la généralisation des apprentissages occupe, dans la réflexion pédagogique actuelle, une place majeure. En effet, une compétence qui ne « s'actualise » que dans le contexte précis de son apprentissage est une compétence inutile. Les enseignants ne peuvent donc rester insensibles à cette question complexe. Le *mapi* n'échappe évidemment pas à la problématique : si l'enfant apprend, par exemple, une procédure efficace de résolution de problèmes en appui individuel et qu'il ne sait pas la réutiliser lorsqu'il est seul en classe, l'aide du *mapi* peut être considérée comme nulle.

Cette question a également été abordée plus haut, en précisant que le *mapi* devait travailler en priorité sur des supports scolaires, en veillant à aborder les apprentissages avec les mêmes outils et le même matériel que ceux utilisés par le titulaire.

De plus, l'élève doit savoir que les compétences développées en appui lui serviront d'abord dans son travail en classe. Le *mapi* demandera d'ailleurs à l'élève de lui présenter régulièrement les fiches qu'il utilise en classe et les évaluations qu'il effectue avec le titulaire, ce qui permettra au *mapi* d'ajuster son aide à la réalité de la classe dans laquelle travaille l'enfant.

S'il propose à l'enfant des procédures, des stratégies, des démarches particulières, etc., le *mapi* veillera à créer des supports que l'élève pourra utiliser dans le cadre de son travail en classe ou à la maison. Pour reprendre l'exemple d'une procédure de résolution de problèmes, l'élève disposera d'une fiche écrite — mentionnant les différentes étapes de la stratégie — qu'il pourra utiliser en classe lors des exercices de mathématiques.

Bédard-Hô (1993, p. 23) souligne également les difficultés de transfert en classe des apprentissages effectués en appui. Pour aider l'enfant, elle suggère que le *mapi* l'encourage à identifier les situations où il peut réutiliser ses compétences : « Quand l'orthopédagogue travaille uniquement en sous-groupe avec certains élèves, il les incite verbalement à transférer les apprentissages. Par exemple, il leur redit souvent : *Pourquoi on fait ça ? Comment vas-tu faire dans ta classe ? Est-ce que tu vois dans quelles situations tu peux le faire ?* ».

Le titulaire sera également informé des compétences que l'élève a développées en appui et qu'il doit actualiser en classe. Il pourra ainsi favoriser également le transfert.

Si le *mapi* travaille en classe, la difficulté du transfert se posera également lorsque l'enfant se trouvera seul face à la tâche. Le *mapi* veillera donc à aider l'élève à généraliser ses compétences en son absence.

Il ne s'agit évidemment pas ici de développer toutes les difficultés liées à cette délicate question du transfert, mais de rendre le *mapi* attentif à une question cruciale qui se pose dans sa pratique : le transfert en classe des compétences développées en appui se fait difficilement ; l'élève ne généralise pas spontanément les habiletés et comportements appris en appui.

L'inconsistance

Le contenu des cours d'appui serait inconsistant au point de vue de l'enseignement, du matériel, de la terminologie, du contenu, etc. (Saint-Laurent *et al.*, 1995, p. 16).

Le chapitre consacré aux paradoxes qui guettent le *mapi* (chapitre 2) nous a déjà permis de comprendre en quoi le contenu des cours d'appui pouvait être inconsistant. Rappelons simplement ici les dérives possibles :

- si le *mapi* devient G.O. et accompagne les élèves à la guitare, l'inconsistance guette... (chapitre 2 – *Mapi* ou G.O.) ;
- si le *mapi* se complaît dans une approche tellement « globale » que sa tête touche les étoiles sans que ses orteils batifolent dans la glaise, l'inconsistance guette... (chapitre 2 – L'appui spécifico-global) ;
- si le *mapi* installe un divan dans sa salle et se fait appeler « Sigmund », l'inconsistance guette... (chapitre 2 – L'appui spécifico-global) ;
- si le *mapi* organise des séances d'entraînement mnémonique, comme il gérerait un centre de fitness, l'inconsistance guette... (chapitre 2 – L'appui spécifico-global) ;
- si le *mapi* travaille le mieux-être sans le mieux-apprendre, l'inconsistance guette... (chapitre 2 – L'appui spécifico-global) ;
- si le *mapi* ne connaît pas le prénom de ses élèves, l'inconsistance guette... (chapitre 2 – Et l'objet devint sujet) ;
- si le *mapi* hésite entre une vocation de prédicateur, de tribun ou d'évangélisateur, l'inconsistance guette... (tiens, il manque un chapitre sur le sujet, dans cet ouvrage...) ;
- si le *mapi* n'a aucune tendance suicidaire, l'inconsistance guette... (chapitre 2 – *Hara-kiri* et *mapi*).

Bref, l'inconsistance guette..., ce qui nous laisse penser que la critique est fondée. Ce qui guette principalement le *mapi*, c'est le manque de rigueur dans la démarche d'aide. La mise en place d'un projet exige en effet une gestion cohérente et une démarche structurée. Les qualités humaines du *mapi* ont été mentionnées plus haut. Soulignons ici la rigueur, le souci de cohérence, la démarche scientifique qui doivent guider le travail du *mapi*.

De plus, le *mapi* doit être un praticien réflexif, c'est-à-dire un professionnel capable de porter un regard critique sur son travail et de réfléchir sur ses pratiques. Cette auto-évaluation formatrice ne pourra se faire sans un bagage théorique important. Une formation continue pointue et une autodidaxie passionnée doivent enrichir constamment la pratique du *mapi*. Les enfants en difficulté méritent mieux que des *mapis* « pleins » de bonne volonté et de compassion. Ils ont besoin avant tout d'enseignants-chercheurs qui alimentent leur pratique par des connaissances théoriques toujours renouvelées. Le *mapi* n'est donc pas un applicateur crédule des méthodes miracles et des recettes pédagogiques. Sa pratique se ressource dans une réflexion sérieuse sur ses valeurs et ses finalités, ses expériences d'enseignant et ses recherches théoriques. Il analyse les résultats de son travail, se réajuste et remet constamment sa pratique en question : c'est éprouvant, mais c'est absolument passionnant !... et tellement gratifiant lorsque l'appui permet à un enfant de mieux apprendre et de mieux vivre ainsi sa scolarité.

Le manque de coordination

Une collaboration insuffisante entre le *mapi* et le titulaire induit inévitablement un manque de coordination et d'harmonisation des interventions entre la classe régulière et l'appui. Le principal perdant en est l'élève en difficulté qui ne comprend plus la cohérence de l'intervention.

Les conflits de loyauté — que l'élève doit assumer lorsque les adultes qui s'occupent de lui ne poursuivent pas les mêmes objectifs, voire s'opposent aux démarches entreprises par leurs partenaires — ont également été soulignés plus haut.

De plus, le travail du *mapi* n'a de sens que si l'enfant actualise ses compétences en classe. On voit mal, dès lors, comment les enseignants peuvent aider l'enfant si ni le titulaire, ni le *mapi* ne savent comment leur collègue travaille et quels objectifs il poursuit.

Le chapitre consacré à la collaboration a suffisamment souligné l'importance de la coordination et de l'harmonisation des interventions entre la classe régulière et l'appui pour que nous ne nous y attardions pas davantage ici.

La perte du temps d'enseignement en classe régulière

Lorsque l'élève travaille avec le *mapi*, il ne travaille pas avec le titulaire et les autres élèves : nous remercions ici très chaleureusement Saint-

Laurent, La Palice *et al.* (1470 à nos jours) pour leur contribution majeure à l'amélioration de la mesure d'appui pédagogique intégré !

La solution paraît aussi évidente que la définition du problème : si l'élève perd son temps en venant en appui, qu'il vienne à un autre moment ou qu'il n'y vienne plus du tout ! Le problème a déjà été soulevé : le *mapi* doit travailler avec l'élève lorsque des cours de moindre importance pour ce dernier sont donnés dans la classe régulière. Ainsi, le temps consacré à l'appui par l'élève ne se substituera plus au temps d'apprentissage en classe.

Ce chapitre a permis d'analyser les principales critiques soulevées par plusieurs recherches (Mingat, 1991 ; Saint-Laurent *et al.*, 1995 ; Doudin, 1996) en les examinant l'une après l'autre. Comme nous l'avons vu, des solutions existent et permettent au *mapi* de prendre en compte, dans sa pratique, ces différentes critiques.

L'appui et le beau temps : le micro-climat de la salle d'appui

Autant de *mapis*, autant de pratiques différentes. L'évaluation de la mesure en tant que telle a été présentée dans les pages précédentes. Si cette évaluation est nécessaire et intéressante, elle est néanmoins insuffisante pour permettre au *mapi* de vérifier la qualité de son propre travail. Elle doit par conséquent être complétée par une auto-évaluation que chaque *mapi* doit organiser pour lui-même.

Le *mapi* ne peut se contenter du regard compatissant de ses collègues — « qui n'auraient jamais la patience... » — ou des encouragements du conseiller pédagogique — qui trouve que « vous faites un sacré boulot avec vos élèves » — pour évaluer la qualité de son travail. Il doit, au contraire, se doter de moyens d'évaluation plus rigoureux. Avec Gillig (1998, p. 219), « j'avoue d'emblée avoir comme grande préoccupation l'efficacité des interventions de l'aide spécialisée ».

Comment, dès lors, le *mapi* peut-il évaluer l'efficacité de son travail ?

Comme le *mapi* intervient selon trois modalités (chapitre 3), il doit organiser son évaluation aux trois niveaux de son intervention : il validera d'abord l'efficacité de son travail en appui (mesures d'aide individuelle), puis les implications de l'aide en classe (mesures pédagogiques) et enfin les résultats de ses interventions dans l'école (mesures institutionnelles).

Dans chacun de ces niveaux, le *mapi* évaluera d'abord les progrès de l'enfant et questionnera sa pratique quant à la réussite ou à l'échec scolaire de celui-ci. Comme le relève Gillig (1998, p. 220), « l'évaluation cherche donc, qu'on le veuille ou non, que l'on soit à l'intérieur ou à l'extérieur de l'action, à mesurer les progrès chez les enfants qui sont adressés au réseau ». Il ne s'agit pas de s'auto-attribuer un certificat de « bon *mapi* », mais il faut vérifier que le petit Loïc vit mieux sa scolarité parce qu'il réussit mieux à l'école. Les progrès de l'élève sont donc déterminants dans l'évaluation de l'efficacité du travail du *mapi*. Dans ce travail d'auto-évaluation, celui-ci portera donc son regard sur l'enfant et non sur son travail de *mapi* : seuls les progrès du petit Loïc pourront certifier la qualité des interventions du *mapi*.

a) Tout d'abord, le *mapi* tâchera d'évaluer **les progrès de l'enfant en appui** (mesures d'aide individuelle). Qu'il travaille dans sa salle d'appui ou en classe, le *mapi* devra évaluer très précisément les progrès de l'enfant et, par là, l'efficacité de l'aide individuelle qu'il lui propose. Cet exercice est grandement facilité par la définition opérationnelle des objectifs — que le *mapi* a rédigés dans le « projet pédagogique individuel ». Pour reprendre l'exemple d'Élodie (chapitre 5), il est en effet possible de vérifier si l'élève est capable « d'expliquer avec ses propres mots les 70 concepts du vocabulaire mathématique du programme de 4P ». Par contre, si le *mapi* n'a pas défini d'objectifs ou les a formulés en termes ambigus, l'évaluation des progrès est impossible. Comment vérifier en effet les « progrès en maths » d'Élodie sans préciser exactement les compétences que l'élève doit présenter ? Comment évaluer si l'élève « lit mieux les consignes mathématiques » sans définir précisément les conditions et les critères de réussite ?

   Le *mapi* pourra également soumettre à l'enfant, après quelques semaines, les mêmes tests que ceux utilisés lors de l'évaluation de départ. La comparaison des résultats permettra alors au *mapi* de vérifier si l'élève a réellement progressé et s'il a atteint les objectifs fixés. La reprise des évaluations de départ en évaluation intermédiaire est toujours très intéressante : très souvent, le *mapi* a oublié quelles étaient les compétences réelles de l'élève au moment du signalement et est grandement surpris par les progrès effectifs de l'enfant. Parfois, à l'inverse, il pensait que celui-ci avait beaucoup progressé et constate, dépité, que les progrès sont insignifiants.

L'évaluation individuelle des progrès scolaires de l'enfant sera complétée par une évaluation plus « qualitative » : en interrogeant l'enfant, le titulaire et les parents, le *mapi* pourra évaluer si l'enfant vit mieux sa scolarité, si sa motivation est meilleure, s'il donne du sens à ses apprentissages, si son estime de soi est bonne, etc. Cette évaluation, somme toute très subjective, est nécessaire parce qu'elle donne un éclairage intéressant sur l'évolution de l'enfant. Elle n'est par contre pas suffisante et doit être complétée par l'évaluation plus formelle des progrès de l'enfant.

b) Dans un deuxième temps, le *mapi* évaluera l'efficacité de son intervention en vérifiant les incidences de son aide sur **les résultats de l'enfant en classe**. L'enfant a peut-être progressé en appui, mais n'a pas maintenu ou transféré ses compétences dans le contexte de la classe. Dans cette évaluation, l'aide du titulaire est importante. Une nouvelle fois, si les objectifs sont opérationnels, l'évaluation par les deux enseignants est facilitée. Élodie devait être capable de « répondre, sans la sollicitation du maître, à une question par jour au minimum, lors des cours de maths ». Oui ou non, Élodie a-t-elle répondu, sans la sollicitation du maître, à une question par jour, lors des cours de maths ? Par contre, si les enseignants ont posé un objectif flou — par exemple « une meilleure implication d'Élodie dans son travail » — l'évaluation sera difficile, l'interprétation demeurant totalement subjective.

L'efficacité des interventions du *mapi* devra également se traduire en classe par des notes meilleures. L'élève est en échec avant tout parce qu'il n'obtient pas des notes suffisantes. Si ses résultats chiffrés ne s'améliorent pas, le *mapi* devra s'interroger sur la pertinence de ses interventions. L'évolution des notes doit donc permettre au *mapi* de vérifier très concrètement si son travail est efficace. À la fin de chaque année, le *mapi* pourra comparer les notes obtenues par l'enfant au moment du signalement (dans les branches désignées) et ses résultats actuels. Il peut être satisfait lorsqu'il constate une évolution de l'ordre de 2 à 4 dixièmes [1]. Si, au contraire, la note baisse, le *mapi* doit analyser avec le titulaire la situation et reconsidérer au besoin l'ensemble du projet.

Dans l'évaluation du travail du *mapi*, cette dernière forme (évolution des notes) peut sembler à certains quelque peu triviale, voire ridicule. Or, si l'élève est signalé en appui, c'est avant tout parce

1. En Valais, la meilleure note est **6** et la moyenne nécessaire à la promotion est **4**.

que ses résultats sont insuffisants ; si les notes de l'enfant ne s'améliorent pas, les attentes des uns et des autres seront inévitablement déçues. Comment l'élève peut-il vivre une scolarité épanouie si ses résultats sont toujours insuffisants ? Comment peut-il reprendre confiance en lui sans qu'il puisse constater les progrès accomplis ? D'ailleurs, le titulaire et les parents peuvent-ils réellement comprendre que l'aide apportée n'ait aucune incidence sur les résultats notés de l'enfant ?

Bien sûr, on peut rêver — et il faut rêver ! — d'une école sans notes, moins sélective, où les élèves progressent dans leurs apprentissages en coopérant et où la réussite des uns ne se traduit pas par l'exclusion des autres. La question du possible et du souhaitable se pose à nouveau ici (chapitre 2 – Adapter les système/adapter l'élève) : dans le système scolaire actuel, le *mapi* doit composer avec les exigences de sélection et l'idéal de différenciation. Dans l'école d'aujourd'hui, on ne peut, malheureusement, écarter la question des attentes du système.

Bien entendu, lorsque l'élève bénéficie d'un programme adapté, l'évaluation des progrès de l'enfant se fera à partir des grilles d'objectifs individuelles et non sur les résultats notés.

c) Dans un troisième temps enfin, le *mapi* s'interrogera sur **le parcours de l'enfant dans l'institution**. L'appui a-t-il permis aux élèves en difficulté de rester dans la structure régulière ? Le taux de redoublements des élèves du centre scolaire où le *mapi* travaille a-t-il baissé ? Quels sont les élèves qui ont dû, malgré tout, être orientés vers des classes, voire des institutions spécialisées et pourquoi ? Combien d'élèves ont-ils été signalés plusieurs fois en appui, durant l'ensemble de leur scolarité ? Quelle est l'efficacité d'une prise en charge en appui de durée limitée ? Quel est le parcours scolaire des élèves après une mesure d'appui ?

Toutes ces questions permettront au *mapi* d'évaluer si son intervention a des effets sur le fonctionnement même de l'institution et si l'aide apportée a permis réellement de poursuivre l'objectif général de l'appui, qui est de rendre l'école régulière plus ouverte et plus tolérante face aux besoins différents de chaque enfant.

Nous avons vu dans ce chapitre que, grâce à différentes évaluations, le *mapi* peut se doter de moyens lui permettant de réajuster ses démarches d'aide. L'efficacité des interventions doit être un souci constant du *mapi* :

seuls des dispositifs précis d'évaluation peuvent apporter à chaque enseignant l'assurance d'un soutien valable aux élèves en difficulté.

Chapitre 8 *Conclusion et perspectives*

La lutte contre l'échec scolaire est d'une folle complexité, répétons-le. Le *mapi*, surtout quand il est jeune ou qu'il débute dans la profession, peut se trouver en difficulté s'il ne clarifie pas d'emblée son rôle et s'il n'identifie pas les pièges de la structure. Or, un *mapi* « en difficulté » ne peut pas apporter une aide valable à un élève « en difficulté » et à un titulaire « en difficulté ». Cet ouvrage se proposait par conséquent de poser quelques repères et de baliser le parcours.

Si les élèves en échec scolaire peuvent bénéficier de l'appui, il existe une autre population qui peut également profiter de cette mesure ; c'est pourquoi, au terme de ce parcours dans les méandres de l'appui pédagogique, nous allons aborder, en quelques lignes, la problématique de l'intégration et le rôle du *mapi* dans l'aide aux enfants en situation de handicap. Ce chapitre n'a évidemment pas la prétention de présenter une vision complète de tous les aspects liés à l'intégration, mais il ouvre quelques perspectives qui alimenteront la réflexion des *mapis* quant au rôle qu'ils peuvent jouer dans le développement d'une école ouverte à tous les enfants.

De l'appui pédagogique intégré à l'appui pédagogique intégrant

Comme nous l'avons vu tout au long de l'ouvrage, il est possible, grâce à l'appui, d'élaborer des dispositifs permettant de maintenir les élèves en difficulté dans les classes régulières. L'appui a également été présenté comme une mesure souple et une ressource pour l'école. Proche des difficultés de l'enseignant titulaire dans la gestion de l'hétérogénéité, l'appui permet ainsi une meilleure prise en compte des différences individuelles. Dès lors, on peut se demander si l'appui ne pourrait pas favoriser aussi l'intégration des enfants en situation de handicap dans l'école régulière.

En réalité, l'appui a déjà permis une réévaluation du seuil de tolérance à la différence dans l'institution scolaire. De fait, l'école actuelle accepte déjà une hétérogénéité de plus en plus grande : les élèves étrangers sont de plus en plus nombreux dans les classes ; toutes les couches socioculturelles sont représentées ; les enfants réfugiés trouvent également leur place dans les structures régulières.

Dans les chapitres précédents, nous avons vu comment gérer un programme adapté avec des enfants en grande difficulté. Avec les enfants en situation de handicap, l'école ne doit pas franchir une étape fondamentalement nouvelle, mais poursuivre la réflexion sur le droit à la différence. Le mouvement de l'intégration est engagé et il est irréversible. Si l'école peut accueillir des enfants en grande difficulté, elle peut également ouvrir ses portes aux enfants en situation de handicap. Comme le relève Bless (1993, p. 15), « il convient de considérer la classe régulière avec appui pédagogique comme un premier pas en direction de l'intégration dans le sens d'une école pour tous. »

En fait, la démarche est exactement la même pour les enfants en situation de handicap que celle décrite dans cet ouvrage : pour accueillir un enfant en situation de handicap, il s'agit tout d'abord de procéder à une évaluation globale de la situation, de formuler ensuite des objectifs en fonction des ressources et des difficultés de l'enfant, de collaborer avec le titulaire lors de la prise en charge et d'effectuer régulièrement des bilans permettant de réajuster le projet. La collaboration avec les parents, le titulaire, voire les spécialistes doit être renforcée, mais les principes énoncés plus haut restent tout à fait valables.

Il ne s'agit évidemment pas de tomber dans un angélisme béat et cultiver une ingénuité éthérée — l'intégration est une démarche difficile —, mais il faut admettre aussi que la différence entre la problématique soulevée par les enfants en grande difficulté et celle des enfants en situation de handicap n'est pas très éloignée. Les expériences de programmes adaptés, par exemple, sont déjà des expériences d'intégration. En fait, un enfant en situation de handicap bénéficierait d'une adaptation plus importante du programme et d'une différenciation plus approfondie — c'est peut-être beaucoup, mais c'est tout !

Dans cette évolution vers l'intégration de tous les enfants, le *mapi* peut évidemment jouer un rôle moteur. Actuellement, il collabore déjà intensément avec les titulaires et connaît la réalité de l'enseignement régulier. Il est donc le mieux placé pour encourager les enseignants à intégrer des enfants en situation de handicap. Dans le processus d'intégration, on peut affirmer qu'à terme tous les enseignants spécialisés seront *mapis* ou ne seront plus ! Bientôt, le maître d'appui pédagogique « intégré » sera un maître d'appui pédagogique « intégrant » et l'école sera enfin ouverte à tous les enfants. Les directives de l'OES précisent d'ailleurs que « l'appui pédagogique intégré est destiné notamment aux enfants ayant un handicap et que l'on désire maintenir dans le circuit ordinaire de formation » (DECS/OES, 1997, p. 41).

Gardons-nous cependant de faire de l'intégration un dogme et d'entrer en intégration comme on entre en religion. La démarche, comme pour l'appui intégré, exige avant tout une réflexion sur la situation singulière de chaque enfant. Le *mapi* encouragera donc l'intégration du petit Loïc qui entre en première primaire dans la classe de Madame Söder et évitera, par contre, de consacrer son énergie à l'apostolat des intégratifs résolus — le discours en la matière irrite plus qu'il ne convainc. Si, par contre, le *mapi* peut proposer son aide au titulaire, organiser les supports de différenciation et élaborer le programme adapté, l'intégration peut être une expérience extraordinaire pour tous les partenaires impliqués.

L'intégration des enfants en situation de handicap est effectivement un mouvement irréversible parce que rien ne justifie la marginalisation de certains enfants. Une société démocratique doit permettre à tous de trouver leur place. Or, la place des enfants — de tous les enfants — est à l'école. Le *mapi* a donc le devoir de s'engager à promouvoir une société plus tolérante à l'égard des enfants différents : si les enfants ont la chance de bénéficier, dès leur plus jeune âge, de la présence des enfants en situation de handicap, ils seront tout à fait à l'aise, lorsqu'ils seront adultes, dans leurs relations avec les personnes en situation de handicap.

Par ailleurs, les bases légales sont posées. La loi sur l'intégration des personnes en situation de handicap du 31 janvier 1991 prévoit dans son article 8 que « des mesures spéciales d'ordre scolaire, éducatif, pédagothérapeutique, psychothérapeutique ou médical sont prises pour favoriser le développement, l'intégration scolaire des élèves handicapés et pour permettre de compenser leur handicap » (DECS/OES, sept. 1999). En 2000, la situation des classes d'observation décentralisées montre que, sur l'ensemble du Canton du Valais, une cinquantaine d'enfants en situation de handicap sont intégrés dans les structures régulières de l'enseignement (*op. cit.*). Le mouvement est donc lancé : à nous *mapis* de nous y engager avec toute l'énergie et la conviction nécessaires.

Éloge de l'humilitude

La complexité engendre « l'humilitude ». La profession du *mapi* est une profession « impossible » parce qu'elle est, en effet, d'une complexité folle : le *mapi* devrait être à la fois un parfait communicateur, le spécialiste des apprentissages et le roi du paradoxe. Les qualités que doit présenter un bon *mapi* sont effectivement multiples et seuls les *mapis* d'encre et de papier, comme ceux présentés dans cet ouvrage, semblent posséder les qualités requises.

Par conséquent, si les situations analysées dans les chapitres précédents ont toutes trouvé des solutions, elles ne sont évidemment pas emblématiques du vécu quotidien du *mapi*. Très souvent, en effet, le *mapi* de sang et de chair cherche, tâtonne, émet des hypothèses et se trompe. Il développe donc avant tout beaucoup d'humilité dans son travail et reste très prudent et circonspect quand on lui présente « la » solution à tous ses problèmes ou « la » méthode miracle. Mais lorsqu'il peut aider un enfant, lorsqu'il soulage un collègue, lorsqu'il permet à une famille de croire derechef en un meilleur possible, le *mapi* exerce la plus belle des professions. Et s'il est exigeant, ce métier est également passionnant.

C'est une belle profession parce que c'est une profession de l'enfance. Et c'est la plus belle profession, parce que c'est une profession de l'enfance blessée.

Annexes

Annexe 1

Mathématiques : programme différencié — Joseph

Numération

1. Sérier des nombres jusqu'à 100.000.	X	✓	✓	✓						
2. Sérier des nombres décimaux (2 décimales).	X	X	X	X	✓	✓	X			

Opérations

3. Maîtriser l'addition en colonnes jusqu'à 10.000.	✓	✓	✓	✓	X					
4. Maîtriser l'addition en colonnes de codes à virgule (1 décimale).	X	✓	✓	✓	✓	✓				
5. Maîtriser la soustraction en colonnes jusqu'à 10.000.	✓	✓	✓	X	X					
6. Maîtriser la soustraction en colonnes de codes à virgule (1 décimale).	X	✓	✓	✓						
7. Maîtriser la multiplication en colonnes (ex : 475x38).	✓	✓	✓							
8. Maîtriser la multiplication en colonnes du type 37x42,8 (1 décimale).	X	X	X	X						
9. Maîtriser la division en colonnes (ex : 1478:35).	✓	X	✓	X	✓	X	X			

Applications et proportionnalité

10. Utiliser un tableau de correspondance (compléter, lire et utiliser).	X	X								
11. Résoudre des problèmes (niveau fin de 4P).	X	X	X	X						

Géométrie et mesure

12. Coder et décoder les points d'un quadrillage au moyen de coordonnées.	✓	✓	✓							
13. Reconnaître et nommer : carré, rectangle, triangle, losange, parallélogramme, trapèze, angle droit, droites parallèles, droites perpendiculaires.	✓	✓	✓	X	X	✓	✓	✓		
14. Construire des parallèles et des perpendiculaires.	X	✓	✓	✓						
15. Construire sur papier quadrillé : une symétrie axiale et une translation.	✓	✓	✓	✓						
16. Mesurer une ligne à l'aide de la règle graduée.	✓									
17. Changer d'unités : cm - mm + m - cm + km - m.	X	✓	X							
18. Calculer le périmètre et l'aire d'un carré ou d'un rectangle.	X	X								

Calcul mental

(…)

Annexe 2

Fiche d'auto-évaluation de l'élève

Objectifs de l'activité OP (Maths 4P)
La division par soustractions successives

PRÉREQUIS	NON acquis	**EN VOIE**	Acquis
1. Je dois être capable de maîtriser parfaitement mon livret (1 à 10) et de répondre à chaque question en moins de 3 secondes. Ex : 6 x 7 = 8 x 9 = 7 x 8 =			
2. Je dois être capable de multiplier un nombre de 1 chiffre par 10, 100, 1000 par oral. Ex : 9 x 10 = 3 x 100 = 7 x 1000 =			
3. Je dois être capable d'additionner en colonnes 4 nombres de 4 chiffres (maximum). Ex : 1400 +70 + 300 +5 =			
4. Je dois être capable de soustraire par écrit 2 nombres de 4 chiffres. Ex : 7395 - 4900 =			

OBJECTIFS-NOYAUX			
5. Je dois être capable d'expliquer par oral ce que veulent dire tous les mots suivants (vocabulaire) : division, dividende, diviseur, quotient, reste, échange, addition, soustraction, chiffre, nombre, livret, division-partage, division-contenance.			
6. Je dois être capable de diviser oralement un nombre de 4 chiffres par un nombre de 1 chiffre (division exacte) (fiches OP 56-57). Ex : 2400 : 4 = 2700 : 3 = 360 : 9 =			
7. Je dois être capable d'effectuer une division (exacte) en colonnes avec un dividende de 4 chiffres et un diviseur de 1 chiffre (fiches OP 58-59). Ex : 1218 : 6 =			

OBJECTIFS D'APPROFONDISSEMENT	NON acquis	EN VOIE	Acquis
8. Je dois être capable d'effectuer une division en colonnes avec reste (dividende de 4 chiffres et diviseur de 1 ou 2 chiffres). Ex : 2569 : 5 = 4414 :12 =			
9. Je dois être capable d'effectuer une division exacte ou non (dividende de 4 chiffres et diviseur de 1 ou 2 chiffres) en utilisant la technique des échanges. Ex : 2097 : 16 = 8496 : 18 =			

Critère : lors de l'évaluation finale, l'élève qui réussit tous les objectifs-noyaux s'assure une note de 5.

Annexe 3

Objectifs annuels – Lecture 2P

1. L'élève sera capable de lire et de comprendre des TEXTES (de 20 à 30 phrases). Il peut donner l'idée principale de chaque paragraphe.
2. L'élève sera capable d'utiliser le DÉCOR de l'histoire pour comprendre ce qu'il lit :

   Le titre – Les illustrations – La présentation – La référence
3. L'élève sera capable de lire des CONSIGNES difficiles (plus de quatre informations) et de réaliser ce qui est demandé.
4. L'élève sera capable de reconnaître une ÉTUDE DE TEXTE et de la réaliser en respectant les trois points de la méthode.
5. L'élève sera capable de reconnaître et de nommer DIFFÉRENTS TYPES D'ÉCRITS :

Une histoire	Un article	Un document	Une recette
Un mode d'emploi	Un règlement de jeu	Un annuaire téléphonique	Un horaire
Une poésie	Une chanson	Une publicité	Une lettre
Une marche à suivre	Une bande dessinée	Un QCM (questionnaire à choix multiples)	Une table des matières
Une petite annonce	Un catalogue	Un calendrier	

6. LECTURE-PLAISIR : l'élève aura cultivé son plaisir de la lecture.

   L'évaluation de cet objectif se fera à l'aide de 3 supports :
   - le coin bibliothèque : l'auto-évaluation de l'élève devra montrer un score de 50% de réponses positives (j'ai aimé ce livre… beaucoup) ;
   - l'évaluation clown : l'élève aura choisi au moins 8 clowns souriants / 12 (évaluation en fin de 2P) ;
   - les différentes activités de lecture (bibliothèque, coin lecture, coffret, etc.) : l'élève aura spontanément demandé ce type d'activités pendant son temps libre (1x / semestre au minimum).

N.B. La batterie d'évaluations correspondante permet de définir plus précisément les critères et conditions attendus.

Annexe 4

Objectifs de lecture 2P – série 2
Comprendre des consignes

Élève : ________________

Je colorie en vert les évaluations que j'ai réussies et en rouge les autres.

1. Je suis capable de lire des consignes et de réaliser ce qui m'est demandé (de 1 à 4 informations).
   - Fiches 1, 2, 3, 4, 5.
   - Fiches 6, 7, 8, 9, 10.

Évaluation 1	Évaluation 2	Évaluation 3	Évaluation 4

2. Je suis capable de lire des consignes et de réaliser ce qui m'est demandé (plus de 4 informations).
   - Fiches 11, 12, 13, 14, 15.

Évaluation 1	Évaluation 2	Évaluation 3	Évaluation 4

3. Je comprends le vocabulaire propre aux consignes :

Barre	trace	biffe	souligne	entoure	encadre
complète	ajoute	écris	trouve	réponds	devine
choisis	achève	termine	finis	copie	recopie
remplace	coche	relie	numérote	vrai/faux	effectue
mets une croix					

Évaluation 1	Évaluation 2	Évaluation 3	Évaluation 4

Évaluation notée = ___

Annexe 5

Des mots de sens proche

1 • Compare le texte ci-dessous avec le texte du livre.
• Souligne les verbes de sens proche qui ont remplacé ceux du texte du livre.

Lait de bananes

1. Ingrédients et matériel

2. Casser les œufs, ôter le blanc, laisser tomber les jaunes dans un bol. Les fouetter avec une fourchette.
3. Peler les bananes, les écraser dans un plat creux avec une fourchette pour obtenir une crème.
4. Presser le citron pour obtenir le jus.
5. introduire petit à petit dans la crème de bananes les œufs, le miel, le sirop de fraises et le jus de citron.
6. Verser le lait dans un grand pot, ajouter le mélange et remuer vigoureusement avec un fouet.
7. Mettre un quart d'heure au frais. Goûter!

2 • Copie deux par deux les verbes de sens proche.

casser / ôter
laisser / tomber
peler / écraser
presser / obtenir

mettre / quart
crème / crème
verser / goûter

3 • Souligne, pour chaque mot mis en évidence, le mot de sens proche.

Le train régional a trois **wagons.** — voitures / voyageurs

Les artistes **voyagent** d'un pays à l'autre. — téléphonent / se déplacent

Dans les grandes villes, il y a de plus en plus de **circulation**. — trafic / pollution

Tous les six mois, les CFF **changent** leurs horaires. — modifient / vendent

Les passagers sont priés de **présenter** leur billet avant le départ de l'avion. — conserver / montrer

Source : COROME (Commission romande des moyens d'enseignement). *Français 3P – Fiches de l'élève (fiche 77)*. Librairie de l'État de Berne, Office romand des éditions scolaires, 1986.

Annexe 6

Grille des processus mentaux

Quels processus mentaux sont nécessaires pour réussir la fiche 77 de vocabulaire de 3e primaire ?

PROCESSUS	COMMENTAIRES
QUAND JE REÇOIS LE TRAVAIL : **Métacognition : je décide de mon comportement** - je décide d'être attentif - je contrôle mon impulsivité **J'identifie toutes les informations de la fiche.** **Je discrimine les différentes sortes d'informations.** - les informations générales de la fiche : la couleur m'indique que c'est un travail de vocabulaire - le logo me dit d'ouvrir le livre de lecture à la page 58 - le titre " Des mots de sens proche" me rappelle des choses connues - je vois trois exercices - je repère les consignes de chaque exercice	- comportement adéquat - pense que c'est un travail sur les verbes - ne lit ni le titre, ni le logo - ne demande même pas le livre - repère les trois exercices - repère les consignes
EXERCICE 1 PERCEPTION **Première partie de la consigne :** J'explore d'une manière systématique : - trois informations : compare / le texte ci-dessous / avec le texte du livre Je classe les informations selon leur nature : - compare : c'est ce qu'on demande - le texte ci-dessous : le support - avec le texte du livre : le matériel à préparer **Deuxième partie de la consigne :** - deux informations : souligne / les verbes de sens proche qui ont remplacé ceux du livre Je classe les informations selon leur nature : - souligne : c'est ce qu'on demande - les verbes de sens proche qui ont remplacé ceux du livre : ce que je dois chercher Je considère simultanément les informations : (...)	- déchiffre correctement, mais n'évoque pas - ne sort pas son livre - retient uniquement le début de la consigne ("souligne les verbes") - fait ce qu'on lui demande - ne souligne que les verbes, sans comparer (...)

EXERCICE 3	
(...) ÉLABORATION **Je perçois l'existence du problème :** - je dois trouver le mot de sens proche **Je sélectionne les moyens à utiliser pour résoudre le problème et je planifie leur utilisation :** - je lis la phrase - je repère le mot mis en évidence - je lis les deux mots qui suivent **Je raisonne logiquement :** - pour choisir le mot exact RÉPONSE **Je vérifie l'exactitude de ma réponse :** - en réalisant la phrase et en remplaçant "wagon" par "voiture", par exemple	(...) - a compris l'exercice - bonne planification - est gêné par le vocabulaire utilisé : ne comprend pas les mots "régional, voiture, trafic, CFF, modifient"
A LA FIN DU TRAVAIL **Après le bilan fait sur ma fiche, je décide d'améliorer mon efficacité dans un travail ultérieur :** _____ _____ _____	- Dorénavant, Samuel lira le titre de la fiche et tâchera de comprendre l'enjeu des exercices proposés : "dans cette fiche, je vais apprendre..."

REMARQUES COMPLÉMENTAIRES

- À la fin des exercices, je demande à Samuel ce qu'il a appris en effectuant cette fiche : il me répond : « À souligner... » !
- Samuel maîtrise le concept de « sens proche », mais pas les termes utilisés (« sens » et « proche ») : il réalise en effet correctement l'ex. 3 dans les phrases où il ne rencontre aucune difficulté de vocabulaire.
- En synthèse : Samuel n'a pas compris du tout l'enjeu de la fiche : il ne comprend pas les termes de « sens proche », mais a intériorisé le concept (il sait reconnaître des mots de sens proche et en trouver). Je dois donc aider Samuel à lire le titre des fiches qu'il réalisera dorénavant et à comprendre ce qu'il apprend lorsqu'il fait des exercices.

Annexe 7

Projet pédagogique individuel
Élodie (4P) - Situation au 4.3.2000

Bilan effectué à partir des demandes suivantes (M. Chaussée) :

- difficultés réelles en mathématiques ou attitude inadéquate face à la tâche ?
- quel est le fonctionnement cognitif de l'élève ?

RESSOURCES

Comportement :

- conduite irréprochable
- dit apprécier son maître et aimer l'école

Attitude face à la tâche :

- très bonne compréhension de l'enjeu
- travaille posément, calmement, bonne maîtrise de soi, bon autocontrôle
- bonnes capacités « d'élaboration » (ne pas se laisser abuser par ses difficultés d'expression orale de la réponse → timidité)

Maths :

- calcul mental (résultats des tests : 32/40), livret, maisons < 20
- bon raisonnement dans les jeux (Logix, pochoirs)
- très bonnes compétences dans la lecture des consignes

Famille :

- bonne collaboration avec la famille

DIFFICULTÉS

Comportement :

- manque de confiance en soi
- discrète, parle peu, explicite difficilement ses stratégies (timidité), ce qui rend l'évaluation des compétences malaisée (entretien d'explicitation)
- participe peu en classe ; joue un peu sur sa timidité et se dispense d'une réflexion — qu'on lui épargne ! (temps de réflexion entre la question du maître et la réponse de l'élève)
- se « repose » beaucoup sur les autres : manque d'autonomie

Attitude face à la tâche :

- travaille lentement par écrit (seulement en maths)
- Logix : peu téméraire (ne prend aucun risque si elle n'est pas sûre de sa réponse) ; hésite à formuler des hypothèses ; plus aucune difficulté une fois sécurisée (cf. ressources)

Maths :

- manque de confiance dans ses compétences mathématiques
- difficultés avec la compréhension (évocation) des problèmes
- vocabulaire mathématique : ne maîtrise pas certains mots (quart, demi, moitié, double, différence, somme…)

Famille :

- s'en occupe beaucoup (trop ?)

OBJECTIFS

Confiance en soi :

- clarifier ses ressources et ses difficultés en mathématiques et lui donner des stratégies lui permettant de contrôler ses performances (procédure de résolution de problèmes)
- encourager la prise de risque à tous les niveaux (travail par essais-erreurs (tâches écrites) et favoriser l'auto-contrôle ; participation orale en classe)
- favoriser l'autonomie d'Élodie dans tous les domaines (à la maison : tâches à domicile)

Maths :

- méthode pour l'évocation des problèmes mathématiques

Pour la classe :

1. Élodie devra répondre, sans la sollicitation du maître, à une question par jour au minimum, lors d'un cours de maths ; la justesse de la réponse n'a ici aucune importance.

Pour l'appui individuel :

2. Élodie sera capable de citer les cinq compétences principales qu'elle a montrées lors de l'évaluation formative de départ (le livret, les « maisons », le calcul mental, le raisonnement, la lecture des consignes).
3. Élodie sera capable d'appliquer la méthode de résolution de problèmes proposée en respectant les quatre étapes prévues. En classe,

elle sortira spontanément la feuille décrivant cette procédure, lors de situations de résolution de problèmes.

4. Élodie sera capable d'expliquer avec ses propres mots tous les concepts de vocabulaire propres au programme de 4P.

Pour la maison :

5. Élodie sera capable de réaliser ses devoirs de maths sans aucune aide ; le nombre d'erreurs est secondaire : seule compte l'autonomie totale de l'enfant face à ses exercices de maths. Les parents se limiteront donc au contrôle (les exercices sont-ils réalisés ?) et ne vérifieront pas la qualité du travail.

Annexe 8

Grille d'intervention

Élève ____________________

Classe : ____________________

Titulaire : ____________________

Grille utilisée avec :

- le titulaire ❑
- l'élève ❑
- les parents ❑
- ________ ❑

INFORMATION	REMÉDIATION
Informer Ma définition de la situation : Positif / Négatif Mes attentes et mes limites :	**S'impliquer** Objectifs : Moyens :
S'informer 1) Quel est le problème? ________ 2) Qu'avez-vous déjà fait? ________ 3) Qu'attendez-vous de moi? ________ 4) Qu'êtes-vous disposé à faire? ________	**Impliquer** Objectif : Moyens :

Annexe 9

Tableau de correspondance des classes d'âge dans les systèmes scolaires francophones

Ordre d'enseignement	Âge	BELGIQUE	FRANCE	QUÉBEC	SUISSE
MATERNEL	avant 6 ans	(3-5) Maternelle	(2-5) Petite section (1re année - Cycle 1) moyenne section (2e année -C1) grande section de maternelle (3e année -C1 et 1re année - C2)	(4ans) Pré-maternelle (5ans) Maternelle	(4-5) Maternelle
PRIMAIRE	6 ans	1re primaire	CP (cours préparatoire - 2e année - Cycle 2)	1re primaire (1er Cycle)	classe de 1e
	7 ans	2e primaire	CE1 (cours élélmentaires 3e année - Cycle 2)	2e primaire (1er Cycle)	classe de 2e
	8 ans	3e primaire	CE2 (cours élémentaire 1re année - Cycle 3)	3e primaire (1er Cycle)	classe de 3e
	9 ans	4e primaire	CM1 (cours moyen 2e année - Cycle 3)	4e primaire (2e Cycle)	classe de 4e
	10 ans	5e primaire	CM2 (cours moyen 3e année - Cycle 3)	5e primaire (3e Cycle)	classe de 5e *
	11 ans	6e primaire		6e primaire (3e Cycle)	classe de 6e *
SECONDAIRE	11 ans		classe de 6e (Collège)		
	12 ans	1re secondaire	classe de 5e (Collège)	1re secondaire	classe de 7e *
	13 ans	2e secondaire	classe de 4e (Collège)	2e secondaire	classe de 8e
	14 ans	3e secondaire	classe de 3e (Collège)	3e secondaire	classe de 9e
	15 ans	4e secondaire	classe de 2e (Collège)	4e secondaire	gymnase 1
	16 ans	5e secondaire	classe de 1re (Collège)	5e secondaire	gymnase 2
	17 ans	6e secondaire	terminale (Lycée)	Cégep 1 **	gymnase 3
	18 ans			Cégep 2 **	gymnase 4

* Selon les cantons, le secondaire suisse commence en 7e ou en 6e, parfois dès la 5e.

** Le collège québécois (CEGEP : centre d'enseignement général ou professionnel) est un ordre spécifique, intermédiaire entre le secondaire et l'université.

Bibliographie

Allal, L., Bain D., Perrenoud P. (1993), *Évaluation formative et didactique du français*, Neuchâtel, Delachaux et Niestlé.

Astolfi J-P. (1992), *L'école pour apprendre*, Paris, ESF.

Astolfi J-P. (1997), *L'erreur, un outil pour enseigner*, Paris, ESF.

Bachelard G. (1972), *La formation de l'esprit scientifique*, Paris, Vrin.

Bachelard G. (1970), *La philosophie du non*, Paris, PUF.

Baeriswyl G. (1992), L'échec à l'école : échec de l'école ? In : *Éducateur,* n° 4, mai-juin, 28-29.

Barth B-M. (1987), *L'apprentissage de l'abstraction*, Paris, Retz.

Bédard-Hô F. (1993), Intervenir en classe ou à l'extérieur de la classe ? In : *Vie pédagogique*, n° 85, 22-24.

Blanchard F., Casagrande E., Mc Culloch P. (1994), *Échec scolaire, nouvelles perspectives systémiques*, Paris, ESF.

Blanchet A., Doudin P-A. (1993), *Vers une meilleure intégration de la pédagogie compensatoire,* Lausanne, CVRP.

Bless G. (1990) Intégration et/ou séparation ? In : *Éducateur,* n° 9, décembre, 6-10.

Bless G., Kronig W. (1995), L'intégration d'enfants ayant des difficultés d'apprentissage par des mesures d'appui pédagogique. *Information sur la recherche éducationnelle* (95 :053), Aarau, CSRE.

CDDP (1994), *Charte pour les enfants en difficulté.* Marne : CDDP (Centre Départemental de Documentation Pédagogique de la Marne).

Charlot B. (1997), *Du Rapport au Savoir - Éléments pour une théorie*, Éd. Economica.

Crahay M. (1996), *Peut-on lutter contre l'échec scolaire* ? Bruxelles, De Boeck Université.

Cretton J-P. (1993), L'appui dans les écoles de Martigny - Un pas vers la pédagogie différenciée. In : *Résonances,* février, 10-11.

CRFMAIS (1988), *Parlons Échec,* Nantes, CRDP.

CSRE (1994), *L'intégration d'enfants ayant des difficultés d'apprentissage par des mesures d'appui pédagogique*, Aarau, CSRE.

Curonici C., Mc Culloch P. (1997), *Psychologues et enseignants – Regards systémiques sur les difficultés scolaires*, Bruxelles, De Boeck Université.

Curonici C. (1999), Le recadrage : un changement de regard. In : *Educateur*, n° 10, 34-35.

Curonici C., Joliat F., Mc Culloch P. (1999), En guise de conclusion. In : *Éducateur,* n° 14, 24-25.

Debray R. (1989), *Apprendre à penser – Le programme de R. Feuerstein*, Éd. Georg.

DECS (1987), L'appui pédagogique intégré en Valais. In : *Résonances*, octobre, 41-43.

DECS/OES (1993), Conséquences de l'appui pédagogique. In : *Résonances*, février, p. 9.

DECS/OES (1996), *L'appui pédagogique intégré – Présentation du concept*, Sion, DECS/OES.

DECS/OES (1997), L'appui pédagogique intégré en Valais. In : *Résonances*, octobre, 41-43.

DECS/OES (1998) *Réflexion autour de la différenciation et de la mise sur pied d'un programme adapté destiné aux élèves en difficulté scolaire*, Sion, DECS/OES.

DECS/OES (1999), *Classes d'adaptation décentralisées du Valais, Concept-Situations*, Sion : DECS, septembre, inédit.

Délétroz A., Joye-Wicki Ch. (1994), *L'itinéraire scolaire d'élèves valaisans et fribourgeois pris en soutien pédagogique entre 1983 et 1985*, Fribourg, IPC, Séminaire de Pédagogie Curative, inédit.

Délétroz A., Joye-Wicki Ch. (1996), Le soutien pédagogique à Fribourg et en Valais. In : *Pédagogie Spécialisée*, 4/96, 13-17.

Develay M. (1994), *Peut-on former les enseignants ?* Paris, ESF.

Dias B. (2000), Un enfant – deux enseignants, quel partage ? Un éclairage systémique sur la collaboration. In : *Pédagogie Spécialisée*, 4/2000, 11-15.

DIP/OES (1991), *L'appui pédagogique dans le Valais romand de 1985 à 1989*, Sion, DIP, inédit.

Dolto F. (1989), *L'échec scolaire*, Éd. ErgoPress.

Doudin P.A., Martin D. (1992), *De l'intérêt de l'approche métacognitive en pédagogie*, Lausanne, CVRP.

Doudin P.A.(1996), Élèves en difficultés. La pédagogie compensatoire est-elle efficace ? In : *Psychoscope*, n° 9, vol.17, 4-7.

Egan G. (1987), *Communication dans la relation d'aide*, Éd. Maloine.

Évéquoz G. (1984), *Le contexte scolaire et ses otages*, Paris, ESF.

Évéquoz G. (1986), L'approche systémique des troubles de l'apprentissage. In : *Psychologie scolaire*, n° 60, 37-53.

Évéquoz G. (1990) ,Y a-t-il un pilote dans la classe ? Genève : *Thérapie familiale*, vol.11, n° 4, 407-423.

Favre C., Bender M., Vianin P. (1993), *Je viens à l'école avec ma famille,* Fribourg, IPC, Séminaire de Pédagogie Curative, inédit.

Fijalkow J. (1986), *Mauvais lecteurs, pourquoi ?* Paris, PUF.

Gillig J-M. (1998), *L'aide aux enfants en difficulté à l'école*, Paris, Dunod.

Giordan A. *et al.* (1994), *Conceptions et connaissances*, Berne, Peter Lang.

Giordan A. (1998) *Apprendre !* Paris, Belin.

Golaz Roland M.-C. (1999), Échec scolaire – Fatalité ou défi ? *Mémoire de licence :* Université de Genève, inédit.

Goupil G., Comeau M. (1993), Les difficultés d'apprentissage : la parole aux enfants. In : *Vie pédagogique*, n° 85, 18-20.

GRAP (1989), *Plan d'études romand,* CDIP/SR/Ti.

Grossenbacher S. (1994), *L'appui pédagogique à l'école – Rapport de synthèse*, Aarau, CSRE.

Hadji C. (1990), *L'évaluation, règles du jeu*, Paris, ESF.

Houssaye J. (1993), *La pédagogie : une encyclopédie pour aujourd'hui*, Paris, ESF.

Jacquard A. (1984), *Inventer l'homme,* Bruxelles, Complexe.

Lambert J.-L., Lambert-Boite F. (1993), *Éducation familiale et handicap mental,* Fribourg, Éd. Universitaires.

La Garanderie A. (1984), *Le dialogue pédagogique avec l'élève*, Paris, Le Centurion.

La Monneraye Y. de (1991), *La parole rééducatrice*, Toulouse, Privat.

de Landsheere G. et V. (1989), *Définir les objectifs de l'éducation*, Paris, PUF.

Leyens J.-P. (1983), *Sommes-nous tous des psychologues ?* Bruxelles, Mardaga.

Lovey G., Nanchen M. (1993), Deux axes pour permettre à l'enfant de grandir... In : *Éducateur*, n° 6, 15-17.

Mc Culloch P. (1999), Que font les spécialistes ? In *: Éducateur*, n° 12, 22-23.

Mager R.F. (1977), *Comment définir les objectifs pédagogiques*, Paris, Gauthier Villard.

Mager R.F. (1995), *Pour éveiller le désir d'apprendre*, Paris, Dunod.

Meirieu P. (1989), *L'école, mode d'emploi*, Paris, ESF, 4e édition.

Meirieu P. (1989), *Apprendre... oui, mais comment ?* Paris, ESF.

Meirieu P. (1996), *Frankenstein pédagogue*, Paris, ESF.

Mersch - Van Turenhoudt S. (1991), *Gérer une pédagogie différenciée,* Bruxelles, De Boeck Université.

Moulin J-P. (1998), L'enfant en difficulté d'apprentissage et l'école. In : *Pédagogie spécialisée* 2, 22-26.

Moulin J-P. (2000) Les élèves fribourgeois en difficulté et le soutien pédagogique. In : *Rivista del servizio di sostegno pedagogico della scuola media*, n° 18, 61-66.

Moscovici S. (1961), *La psychanalyse, son image et son public*, Paris, PUF.

Myers G.E., Myers M.T. (1990), *Les bases de la communication humaine*, Montréal, Mc Graw-Hill.

Not L. (1989), *L'enseignement répondant*, Paris, PUF.

Nuttin J. (1985), *Théorie de la motivation humaine*, Paris, PUF.

ORDP (1999), *Évaluation semestrielle, rapport d'évaluation,* Sion, ORDP, mars.

Osterrieth P. (1975), *Faire des adultes,* Bruxelles, Dessart et Mardaga.

Paquette C. (1985), *Intervenir avec cohérence*, Éd. Québec/Amérique.

Perrenoud P. (1991), *Le soutien pédagogique, une réponse à l'échec scolaire ?*, Genève : Service de recherche sociologique & Faculté de psychologie et sciences de l'éducation.

Perrenoud P. (1998), Les cycles d'apprentissage : de nouveaux espaces-temps de formation. In : *Éducateur Magazine,* n° 14, 23-29.

Postic M. (1998), *La relation éducative*, Paris, PUF, 8e édition.

Résonances (1993), L'appui pédagogique – dossier, Sion, *Résonances*, février.

Rinpoché Akong (1991), *L'art de dresser le tigre intérieur*, Éd. Sand.

Rogers C.R. (1984), *Liberté pour apprendre ?* Paris, Dunod.

Saint-Laurent L. *et al.* (1995), Programme d'intervention auprès des élèves à risque, Montréal, G. Morin.

Selvini Palazzoli M. (1980), *Le magicien sans magie,* Paris, ESF.

Sieber M. (1994), Collaborons ! Oui mais comment ? In : *Éducateur,* n° 5, juin-juillet, 28-29.

Sturny-Bossart G. (2000), Le soutien pédagogique dans les cantons suisses : options politiques, choix pédagogiques et problèmes actuels. In : *Rivista del servizio di sostegno pedagogico della scuola media*, n° 18, 11-25.

Tardif J. (1992), *Pour un enseignement stratégique*, Québec, Éd. Logiques.

Tardif J., Couturier J. (1993), Pour un enseignement efficace : une recherche-action menée auprès d'élèves en difficulté d'apprentissage. In : *Vie pédagogique*, n° 85, 35-41.

Theytaz P. (1987), *Une école de la réussite par l'appui pédagogique*, Lucerne, SPC.

Theytaz P. (1990), *L'échec scolaire et la sélection*, Lucerne, SPC.

Theytaz P. (1993), De l'inutilité de l'appui... In : *Résonances*, n° 6, février, 24.

Theytaz P. (1994), *Collaboration enseignants-parents,* inédit.

Trocmé-Fabre H. (1987), *J'apprends, donc je suis,* Paris, Éd. d'Organisation.

Vergnaud G. (coord.) (1994), *Apprentissages et didactiques, où en est-on ?* Paris, Hachette.

Vermersch P. (1994), *L'entretien d'explicitation*, Paris, ESF.

Vermersch P., Maurel M. (1997), *Pratiques de l'entretien d'explicitation,* Paris, ESF.

Viau R. (1997), *La motivation en contexte scolaire*, Bruxelles, De Boeck Université.

Watzlawick P., Weakland J., Fish R. (1981), *Changements : paradoxes et psychothérapie,* Paris, Seuil.

Wolf D. (1995), *Aux portes de l'école... les mesures spéciales en réponse aux besoins des élèves de Suisse romande*, Lucerne, SPC.

Table des matières

Imprimé sur les presses de Walleyn Graphics à Bruges.